朝日新書
Asahi Shinsho 723

老いの練習帳

外山滋比古

朝日新聞出版

はじめに

ローマの昔、アウグストゥスという皇帝がいた。名君の誉れが高く後世、その名を慕うものがすくなくない。中でも、折にふれて、フェスティナ・レンテ（ゆっくり急げ Festina Lente）を口にした逸話が有名である。いまでも、この句を刻んだ碑を街中に建てているところが、ヨーロッパにはいくつもあるという。

「ゆっくり急げ」は、たとえば「急がば回れ」などとは違う。むやみに急いではいけない。だらだらしていてはもちろんいけない。平常心を失うことなく先を急ぐ、という心である。生き方の教えとも、仕事の心得とも解される。

急げや急げ、なら単純である。ぐずぐず、だらだらでは話にならない。矛盾する二つを結びつけることで中庸の妙になる。なかなかの知恵である。

私がこの名句を知ったのは、今となってはずいぶん昔のことである。出版社の仕事をしていた私のところへ、京都の古典学者から仕事の連絡がある、その手紙の終りはきまって、Festina Lente! だった。もっと速くしなさいという意味にとれることもあり、ていねいにやりなさい、拙速はいけませんと受けとられることもあって、おもしろかった。

「ゆっくり急げ」が気に入って、ときどきひとりつぶやくこともあったが、いつも、すこし心にかかるのが〝急げ〟という命令形である。日本語はもともとムキ出しの命令を好まない。乱暴な感じがする。いつしか「ゆっくり急ぐ」という形で心に留めるようになる。

その「ゆっくり急ぐ」をとって、九年前に自著の書名にした。その本に収めた連載を書いていたころ、思えば、もっともつよく、このことばにひかれていたことを思い出したからである。とかく向こう見ずに飛び出したくなる心を抑える一方、まるで気力を失ってぐずぐずしているのを自戒する。そんなときに「ゆっくり急ぐ」は不思議と力を出す呪文のようであった。

それにしても書いたのは四十年前である。毎月、「毎日夫人」(毎日新聞社)に連載したものの中から選んで一冊にしたのだ。執筆時は還暦前だったのか、と自分でも懐かしい。

いかにも古いけれども、それだけ長く寝させておいただけのコクはあるとひそかに自負している。今回新書化にあたり、その中からまた選り抜いた。

齢九十五にしてはからずしも執筆を続けている。おもえば、五十代から変わっていない自分のへそのようなものがここにある。わたしはこうして歳を重ねた。題して「老いの練習帳」。人生百年といわれる当世、新しいものはとかく古くなりやすいが、古いものはもう古くならない。なぜってそれは、時間が消えるから。これからも、ゆっくり急ごうか。

外山滋比古

二〇一九年五月三〇日

老いの練習帳　目次

Ⅲ　話題は遠い人を選ぶ　117

Ⅳ　雑念を愛する　167

I

荷物を持たずに歩く

話し方について

知的で説得力もあり、老化もしないようなゆっくりした話し方を身につける。あえてそれに挑んでみよう。

「そういえば、あなたは、このごろめっきり口数がすくなくなりましたネ」

ある人からそう言われた。本来なら、わが寡黙《かもく》の徳も人の認めるところとなったか、と喜んでいいところだが、このときは逆にしょげた。ここで、みんなが話題にしていたのは、口がおもく、ゆっくりしゃべる人間はどうも老化しやすいらしいという問題だったからだ。

つまり、さきの一言は、「老化の前兆があらわれていますよ」と解釈できて、はなはだおもしろくない。自慢ではないが、もともと早口である。おしゃべりだと思われていたし、多少その自覚もあった。世の中がノロノロしているのなら、調子を合わせなくてはなるまい。それで、つとめて、ゆっくり、できることなら、黙っていようと心がけた。

ちょっと努力したくらいで、こういう癖がおいそれと変わるものではない。それでもすこしはましになったのではないかと、ひそかにうぬぼれていた。それを裏付けてくれる人があらわれたのはうれしいが、老化現象のはじまりと見られようとは思わなかった。

その数日後、近着の「タイム」を見ていたら、早口がいい、という記事があって、また、心を暗くした。

この記事によると、最近、アメリカではテープの早まわしで、実際よりずっと早口にする技法が広く行われている。それをタイム・コンプレッションというらしい。これを専門にする企業まである。

コマーシャルでこの手を使ったら、反響が四〇パーセントもアップしたという例もあって、広告界では神話になりつつある。普通、テープを早まわしすると、音声がかん高くなるものだが、それをうまく落とすことにも成功していて不自然さはないという。

テレビ・コマーシャルの場合も、こまかくフィルムをカットすることで、チャップリンのような動きになることがさけられる。だいいち、短い時間にたくさんのことが伝えられる。そこが広告業界に受けているのだろうし、テンポの早いアメリカ人の好みにも合う。

それだけではない。この記事には、さらに、早口の人の方が説得力があり、知的な感じを与える、という一般法則（?）がもち出されている。

「クルマだって、時速三〇マイル（約四八キロ）で運転していれば、つい白昼夢にふけりがち。九〇マイル（約一四四キロ）で走ってみるがいい。いやでも緊張する」という例をもち出して、ハイ・スピードの利点を説いている。

やれやれである。せっかく、努力のかいあって、すこしはゆっくり話せるようになったといい気になっていたら、老化の危険があるとおどされるかと思えば、説得力に乏しく知的でもないと決めつけられ、ふんだり、けったりだ。

ところで、まわりを見るに、このごろ早口の人がふえた。ことに若い人たちにいちじるしい。漫才などは早くてよくわからないほど。アメリカ流に考えれば、説得力があり、知的に感じられる話し方なのであろう。

地方の人が都会へ出てきて、新しいことばを身につけると、どうしても、早口になる。日本にいま早口の人間が多いのは、それだけ人口の移動がはげしかったことを物語っている。——それが年来の持説である。

アメリカではこれとは別種の早口があらわれ、それが、実用化されているのがおもしろい。一説によると、大阪の人の歩くテンポは、東京よりもニューヨークよりも早くて、世界一だという。それが話す速度と関係があるかないか、はっきりしないが、機関銃のような関西漫才の語り口を聞いていると、いくらか結びつきそうな気がする。

知的で説得力もあり、老化もしないようなゆっくりした話し方があるに違いない。あえてそれに挑んでみようと考えている。

ふるまいについて

老いて、立つ。また、よからずや。

人前での話は立ってする。腰をおろすようにとすすめられても従ったことはない。あとで、おつかれだったでしょう、とねぎらわれたりするが、一時間や二時間立っていられなくて教師がつとまるか、と心の中ではタンカを切って、しかし、口ではさりげなく、いえ、別に、とかなんとかことばをにごし、話題を変えるのである。

学校の授業でも小人数のゼミなどでは立ったりしてはおかしいけれども、普通のクラスなら腰かけたりしない。立っていた方が力が入り、勢いもつくような気がする。

だいぶ前のことになるが、ある歴史学者から、うちでは机に椅子はない。立って本を読み、立って原稿を書く。そのために机をとくべつに作ってある。立った方が仕事にはりがあるのだ、というような話をきいて、たまげたことがある。その人の書くものに独特な迫力があるのは、そうした書斎と無関係ではないのだろうと解釈した。

考えてみればそれほどおどろかなくてもよかったのである。話をするのに立つ方がよいのなら、ものを書くのだってしゃんとしているのがよいのは道理である。すわったり、腰かけたりしていては、血行がよろしくない。立っていれば血のめぐりはよくなるだろう。

いまはどうかしらないが、かつてイギリスの事務員は立って執務する、ときいたことがある。やはり机が高く、立ったままでものを書くことができる。高さだけではなく、机が水平ではなく、前下がりの斜面にできている。これなら機敏に動くのにも便利であるに違いない。

たたみの上にすわる習慣の長かったわれわれの国では、立つことにどこかためらいがあるらしい。立ち食いとか立ち席とかということばでもわかるように、本来ならすわってすべきものを立ってするという含みがある。多少、はしたない感じをともなうのは、しかるべき人はむやみに立ったりしなかったのであろう。これでは立ち居の不活発になるのは是非もない。

〝立ってるものは親でも使え〟ということばは、すわっていると、いかに立ち上がるのが面倒で、おっくうであるかをよくあらわしている。一気には立てない。かけ声のひとつもかけてみずからをはげまして立ち上がるというようなこともすくなくない。

いちばん動きがにぶくなるのはコタツ。しかし、これほど知恵のある暖房の方法はないと思う。ごくすくない火力を最大限に利用して、家族がみんな暖をとることができる。しかも、頭寒足熱の理にもかなっている。

泣きどころは、いったん入ると、出にくいことである。勉強の道具をもってコタツに入る。しばらくすると、とってこなくてはならないものが出てくるが、やっかいである。なんとかなしですます手はないか、と怠けることを考える。コタツの勉強はどうもあと味がすっきりしない。それで、冬でもなるべくコタツに近づかないことにしている。

年をとってきたせいもあるが、このごろ朝は早く起きる。そして出かける前にこまごました仕事を手早く片付けるようにしている。そんなとき、いちいち椅子に腰をおろしたり、立ったりするのがわずらわしい。ちょっとしたハガキの走り書きなどは立ったままですませたいが、机が低いから、どうしても中腰になるほかない。実際にそうしているが、しっくりしないから、そのうちどこかから、小さなすわり机をさがしてきて、いま使っている机の上にのせよう。そうすれば、立ったままで字を書くのに具合がいいだろうと考えたりしていて、かつてきいた歴史学者の机の話を思い出した。

学校の教卓なども中途半端で低すぎる。もっと高くして、アメリカの大統領が演説するときのデスクのようなものにしてほしい、などと空想する。

老いて、立つ。また、よからずや。

心のもちようについて

修行のできた人の心は、ことがあればそよぎ音を立てるが、すぎればたちまち平常心なり。すなわち、復元力のすぐれている竹のようでなくてはならない。

毎日のように通る道筋に、いつもシャッターをおろしている建物がある。車庫なのか物置なのか、はっきりしないが、そんなことはどうでもよい。気になり出したのは、その前を通るたびにシャッターが音を立てるように思われたときからである。はじめはまさかと思った。金属製の堅固なよろい戸が人ひとり通ったくらいでガタガタするわけがない。中にだれかいるのではないかと疑ってみたりした。

シャッターというものをよく知らないが、あげおろしにけたたましい音を立てるところからしても、相当しっかりした構造になっているだろうという見当はつく。ちょっとしたことで鳴ったりしてはおかしい。ところがたしかに音を立てて振動するのだ。歩いていると風がおこる。その風圧でシャッターは鳴るらしい。レインコートのすそをなびかせて歩く日はことに音が大きい。ふだんは気付かずにいるけれども、われわれは風を切って歩いているのだと思い知らされる。そして改めて風の力ということを考えた。

その昔、大学生が角帽をかぶっていたころ、はじめての夏休みで帰省する学生が列車の窓をあけて乗っていたらトンネルへ入ったとたんに帽子を吸いとられた。大学生になったしるしの帽子がなくては田舎の人にあわせる顔がないというので、戻って角帽を買ったという話をきいたことがある。

私はこの何年か、夏は日よけに帽子をかぶる。たしかに涼しい。その帽子がそれほどの風でもないのに吹き飛ばされることがある。そのたびにトンネルで角帽を飛ばされた大学生のことを思い出す。

私のかぶっている帽子のつばはほんの三、四センチ幅である。のせているだけではなく、しっかり頭にはまっている。それを飛ばすほどの風圧がわずかな面積のつばから生ずるというのはおどろくべきことのように思われる。

これくらいの風が、こんなせまいつばに当たっただけで、帽子をもっていってしまうほどの力があるのならば、飛行機だって飛べるわけだと妙なところで感心する。

巨大なジャンボ機を見ると、よくもこんなものが空へ舞いあがることができるものだ、と半ばあきれるけれども、風の力を見直したあとは、あれだけ大きな翼があるなら、飛べるのは不思議でないと納得するのである。

先日、かすかにガタガタと音を立ててあいさつしてくれる例のシャッターの前を通りながら、ふと、われわれの心もこのシャッターに似ているのかもしれないと考えた。なにかことがおこると、それがまきおこす風で心はゆれ動き、ざわめく。ごく些細な問題でたいへんな心痛と動揺を招くこともすくなくない。心はシャッターのようにがんじょうには出来ていないからやっかいだ。

「風、疎竹に来たる。風過ぎて竹声を留めず」という禅のことばがある。まばらな竹林に一陣の風が吹く。竹はさらさら葉をならす。しかし、風が通り過ぎてしまえば竹はもとの静けさに戻って、さらに音を立てない、というのである。修行のできた人の心はこの竹のように、ことがあればそよぎ音を立てるが、すぎればたちまち平常にかえる、という寓意であろう。復元力のすぐれている竹のようでなくてはならない。

復元力ということから言えば、わがシャッターにしても竹におとるところはない。一瞬はガタつくが、次の瞬間はうそのように静まりかえってすましている。われわれは竹に学ぶと同じようにシャッターにも学ばなくてはなるまい。

きのう、例によってシャッターを鳴らして通るとき、すぐ横の名も知らない常緑樹の葉がこれっぽちもそよがないのを発見した。竹やシャッターよりも役者が一枚上である。どうしてシャッターをふるわせる風に木の葉が知らぬ顔をしていられるのか。わからない。

心理について

心中の虫にのさばられてはたいへんである。病気への抵抗力も高まる、楽天的で希望にみちた生き方をするべし。

春になって木々の芽がふくらみかけると、よし、ことしも、と心を引きしめる。なんのことかというと虫との競争が始まるのだ。

それこそネコのひたいほどで、そういうのも気がひけるが、庭がある。あるじの好みで、むやみと木が植わっている。そしてやはりあるじの趣味で、なりくだものの木が多い。ウメにアンズ、ブドウにカキ、それにミカンもあって、それぞれ実をつけてくれる。

ほかの木にはほとんど見向きもしないで、虫はもっぱら果樹だけをねらう。やはりうまいのだろう。とりわけやられやすい弱虫はウメで、すこし気を許しているとたちまち被害がでる。そう言えばバラも虫の大好物だが、わが家ではへらしたから、そちらの手はかからない。以前、モモの木があって、りっぱな実をつけてくれるのだが、あまりに毛虫がひどいので、腹を立てて、とうとう根こそぎにしてしまった。そのころから虫を目のかたきにし出したらしい。

薬剤をかける噴霧器は二台ある。ひとつは手押し、他は電動式だが、電動はバラなどには向くけれども、枝の高いところへは届かないから役に立たない。この手押しのはノズルを操作すると、霧状にもなるし、水鉄砲のように遠くまで飛ばすこともできて、便利である。五月、六月のうちは十日に一度は散布をする。

薬をかけていると、道行く人が足をとめてしばらくながめていくことがある。年配の人が多い。もっとも、なかにはけがらわしいといわんばかりに道の向こう側をにげるようにして通る人もある。こちらとしても通行人にかかってはことだから、庭から道路へ向かってはかけないことにしている。かならず通りから庭の方へ向かってかける。それでもどこかの婦人に「かかるじゃありませんか」とやられたことがある。

にくい虫だが、こうして薬をかけるのはたのしくないこともない。幹にへばりついているのをつよい噴射で吹きとばすのは痛快ですらある。そしてぼんやり考える。こういう虫はまだ始末がいい。やっかいなのは目に見えないところで悪さをする虫ではないのか。

人間の体の中にいる虫といえば、まず寄生虫だが、このごろはずいぶんすくなくなった。かつては小学校で定期的に回虫駆除の薬を飲ませたりしたものである。この寄生虫もバカにしていると、はびこって大あばれするおそれもある。

回虫はれっきとした虫で薬で退治できるが、それとは別に実体のはっきりしない虫がある。すくなくとも昔の人はそう思った。ふさぎ虫ということばがある。ゆううつの病原体

（？）ということであろうか。虫のいどころがわるくて、とか、腹の虫がおさまらない、とかいうところをみると、かんしゃくもちのようでもある。虫がすかない、虫がきらう、ともいうから、好ききらいがはげしく感情的でもあるらしい。さらに、虫の知らせ、ということばもあるから、予知、予感の超能力ももった虫なのであろう。

どうやら、この心の中に住む姿なき虫は、人間の心理の働きそのもののことであるらしいという見当がつく。ときには、いいこともするが、だいたいにおいてイタズラをするから、虫の名がつけられたものと思われる。

昔の人の直観は心理についておもしろい見方をしていたのである。この心中の虫にのさばられて、弱虫になったり、腹を立てたり、はては病気になったりしてはたいへんである。虫封じを考えなくてはいけない。そう思っていてふと、先日読んだ、アメリカのある医学者のことばで、楽天的で希望にみちた生き方をすれば免疫システムに好影響があって、病気への抵抗力も高まるという個所を思い出した。虫封じだ。

現にこうして除虫をしていると気分爽快、心身の健康にもよいはずだ、などと考えていたら噴霧器がカラになっていた。

休息について

ひる寝はいいが、ことばがいけない。シエスタなら人聞きがよい。

夏休みに入るとき、うちの幼稚園のこどもたちに、休み中は、朝早く起きて、ひるはひる寝をしてください、とはなした。こちらははなしたつもりだが、こどもたちにどれだけ通じたか、はなはだ心もとない。

ただ、いい加減なことを言ったのではない。本当にそうしてほしい。こどもだけではなく、こちらも、実行しようと考え、しかも、いくらかの実績のあることを言ったつもりである。

夜の時間が長くなったのは文明のおかげだ。たまに盛り場などを通ると、真夜中に近いのに、たいへんなにぎわいである。家庭でも九時、十時は宵のうちという感覚ができた。宵っぱりの朝寝坊は現代人の常識である。われわれは知らず知らずのうちに自然にさからった生き方をしている。これでいいわけがない。そう考えて、早起きをすることにしたのである。

口の悪い友人は年をとってくれば、放っておいても朝早く目がさめるさ、とバカにするが、相手にしない。

朝が早ければ、夜までもたない。それでひる寝をする。外へ出ていればしかたがないが、うちにいるときは昼食のあと本式に寝る。ひと聞きが悪いから日ごろは口外しないが、夏休みならはばかるところはない。幼稚園のこどもにも、自分のしていることをすすめたのである。

もう三十年近く、私は朝の食事はとらない。ひるに、朝食と昼食を兼ねたブランチをとる。〝朝飯前〟の時間をひるまで引きのばすのがねらいでそうしている。

昼食がすむと、ゆっくり休む。寝室で、冬ならふとんに入って寝る。夏はごろりと横になって眠る。あまり長く寝ると、あとで体がだるい。一時間半くらいがよいようだ。

この間に電話などかかってくるとやっかいである。親しい友人には、正午から三時ごろまではかけないでくれと頼んである。受話器を二階の部屋へ切り替えてベルの音で目をさまされることがないようにして寝る。

いまの学校が、午後の授業をするのは健康にもよくない。学習の効率が悪いのはもちろんである。正常なこどもは居眠りによって体をまもる。ひる休みを一時間足らずしかとらないで、ゆとりのある教育などとは笑わせる。

寝すごすおそれもあるから目覚ましをかけて寝るが、たいていは、きめた時間に自然に目がさめる。われながら感心する。起きたら、顔を洗って、着替えをして、朝と同じことをする。これでまた新しい日が始まるのである。目をさました瞬間、あれッ、もうこんなに明るくなって……とひるを朝と勘違いすることもある。

寝たあとには朝がくるものと体は信じているのであろう。その体の調子に合わせて、午後二時半ごろに夜が明けたことにする。そうすると、世間の人の夕食が昼食になる。ふたたび朝飯前の聖なる時間になってくれるからありがたい。

かくして、一日が二日になる。週休二日より、ひる寝時間のとれる方がいい。

暑い日のひるさがり、木陰にとまっているクルマの運転手がすやすやと眠っているのを見ると、やっていますね、という親しみを感じる。

ひる寝はいいが、ことばがいけない。いかにも怠けている印象である。スペイン語のシエスタはひる寝の意味で世界中に知られている。シエスタなら人聞きがよい。

スペインがどれくらい暑いか、行ったことがないからわからないが、日本の夏は負けてはいないだろう。かれらがシエスタをとるのなら、われわれがとってどこがおかしいか。そう思って水銀柱を見る。

入眠について

枕もとに置くのは、とびきり硬派の本か、さもなければ何度も愛読した本がよろしい。

眠ってはいけないと思えば思うほど、体が下の方へ沈んでいくような気持ちがして目をあけていられなくなる。はじめてそういう経験をしたのは、学校のときの午後の授業である。先生の顔がだんだんボヤけて遠ざかっていく。ハッとして気がついてみると、何分だかの記憶がない。

このごろはクルマの中でねむくなるのをこらえるのに苦労する。タクシーなら遠慮しない。居眠りしたっていいわけだが、緊張しているせいか、めったにねむくならない。友人のクルマだと気を許すのだろう、睡魔におそわれる。同乗者がねむり出すとドライバーにも感染するというから、ねむってはいけないと自分にいいきかす。儀礼上からも乗せてもらった人間がコックリコックリやっていては申しわけない。

そう思うと、アマノジャクの睡魔はいじわるく誘惑をはじめる。しばらくは抵抗しても結局はまけてしまう。おもしろいのは運転している人から、どうぞお気兼ねなく、お休みくださっていいですよ、などとあいさつされると、睡魔くん、頭をかきかき退散するらしく、いっぺんに眠気が消滅する。

クルマではなく、ここで、ちょっとひと眠りしておこうとか、どうしても眠らなくてはと思ったりすると、睡魔のかたき役、目ざまし魔（?）が飛び出してきて、待ったをかける。眠ろうとすればするほど、頭の中へいろいろなことがあらわれて始末がつかなくなる。

こどものとき、数を百までかぞえているうちに眠ってしまうと教えられた。こどもなら百くらいで目ざまし魔がひっこんでくれるが、大人だと五百かぞえても、まだ、ねむくならないこともある。

ある晩、いつもねむくなる時間になってもさっぱりねむくない。本を読んでいたが、いつまでもよくわけがわかる。そうこうしていると、とんでもない時間になってしまったから、本をふせて、数をかぞえ出した。五百でもダメ、八百でもまだいけない。おまじないを中止して、ボンヤリしていて、ははあと、思い当たった。

どうしたのか、というと、夜、久しぶりの友人とホテルで食事をし、そのあとコーヒーを飲んだ。たっぷりポットに入っているのをめいめい三杯ずつも飲み、つもる話に時を忘れた。コーヒーのせいだ。それならしかたがない。もうすこし目ざまし魔くんと付き合ってもいい、とそう覚悟をきめたとたんに寝込んでしまった。あとで友人にきくと、かれも同じ目にあった。よほど朝、電話しようかと思ったといって笑った。

そんなのは別として、なにかの拍子で、夜中に目がさめる。あすにさしつかえるから早く眠ろうとすると、イジワルな目ざまし魔くんがあばれ出す。

ここで、あわてるのは禁物。逆手に出て、ひとつ勉強でもしてみるかと、日ごろは歯も立たないような難解な本を開くのである。いい加減ではなく、これをすくなくとも十ページは読んでみせると意気込んでみる。目ざまし魔くんはもともとなまけものである。そんなにやられてはかなわん、と逃げ出す。たいてい二、三ページで、本をほうり出して、眠ってしまう。

こういうときに、控えた方がいいのは、新聞、雑誌。ことに新聞はいつまでも見あきなくて、目がさえてくる。ニュースの刺激もさることながら、あれこれたくさんな問題が並んでいて、そうでなくても雑念がわくがごとき状態の頭をいっそう悪化させるのであろう。むずかしいものでなくても、何度も読んだ本は子守歌をうたってくれる。安心して活字を追っていると、間もなく眠りに陥る。

枕もとに置くのは、とびきり硬派の本か、さもなければ何度も愛読した本がよろしい。枕頭の書はあまりおもしろすぎては困るのである。

散歩について

散歩のときには、古歌の暗誦をすべし。

「あかねさす紫野ゆきしめ野ゆき野守は見ずや君が袖ふる」

小声で、二度、誦する。ひと息いれて、

「ささの葉はみ山もさやに乱げどもわれは妹思ふ別れきぬれば」

へ移り、やはり、二度繰り返す。このごろ毎朝、散歩のときに、古歌の暗誦をしているのである。

もともと、散歩は夜遅く、と決めていたが、昨年から、朝も歩くようになった。きっかけは、朝のラジオ体操である。六時半から十分間、近くの公園で、七、八十人の仲間入りをして体操をする。終われば、みんなちりぢりに帰ってしまうけれども、こちらは木立の間を歩き始める。

ときに考えごとをしないわけでもないが、たいていは、ぼんやりただ歩く。この春先のある日、ぶつぶつひとりごとを言いながら歩いている人とこの散歩中に擦れ違った。いつもならおかしいと感じるところだが、この日はどういうわけか、ほほ笑ましく思った。声を出すのは運動になる。健康にもいいだろう。

かといって、ひとりごとを真似るわけにもいかない。そうだ名歌を暗誦して歩いたらどうだ、と考えつく。さっそく文庫本の詩歌集をポケットに入れて歩くことを始めた。知っている歌はいいが、知らないのは何度も立ち止まって本を見なくてはならない。そのたびに散歩の調子が乱れる。一日一首、新しい歌を覚えることにしてある。もともと記憶力が弱い。はじめのうち三首ずつ覚えようとしたが、続かなかった。

そのうちに、英詩も朗誦してみたくなり、十四世紀のイギリス詩人チョーサーの「カンタベリ物語」の序歌にとりかかった。古今集の和歌のあとに中世の英詩とくれば、和洋両立である。六百年前の英語だから、よほど様子が違う。

ワン　サット　アプリル　ウイス　ヒイス　シューレス　ソーテ（卯月やさしく雨をふらせ）

セ　ドルクスト　オフ　マルチ　ハス　ペルセド　トーセ　ローテ（弥生のひでりをふかくうるおし）

とやっていると、別世界に遊ぶ感じになる。この詩は、弱く発音するシラブルと強勢のシラブルが交互に並んでいるから、歩く調子とうまく合う。左脚を出すとき弱音、右脚は強音と決めておくと、軽快なリズムが心身を包んで楽しい。

和歌ではこういうわけにはいかないと思ったが、何首かを続けて誦すると歩調に合うことに気がついた。もっとも、英詩に比べてテンポはすこしゆるやかでないと、いけないようだ。

和歌をつなげるのだったら、七五調の散文だってよい道理である。道ゆきの文なら、この場合、うってつけである。手はじめに、昔、中学校で暗誦した『太平記』の俊基朝臣《としともあそん》ふたたび関東下向のこと、のくだりにしよう。

「落花の雪にふみ迷ふ、片野の春の桜がり、紅葉の錦をきて帰る、嵐の山の秋の暮、一夜を明かすほどだにも、旅ねとなればものうきに……」

何十年たっても、あざやかに覚えている。暗誦を命じた先生が懐かしい。こういうことならもっとたくさん暗誦しておけばよかった。

調子にのってくると、つい声が高くなる。擦れ違う人が変に思うとまずい。そら、向こうから人が来る。「恩愛のちぎり浅からぬ」というところの声を落として、やりすごす。

病気について

病気の回復を楽しむべし。年をとるとなにごとによらずだんだん悪くなっていくように感じるものだが、カゼのあとの若々しい希望を味わうべし。

いくら注意しても、冬の間に一度や二度はカゼにやられる。もっとも年をとると、すれっからしになるのか、小さな子のようにはひかない。いつか家族に九十歳を超えるお年寄りをかかえている人たちが、家中がカゼひきになっているのに超老人は涼しい顔だ、とあきれるように感心していたのを思い出す。もう卒業してしまったのかもしれない。その代わり、いったんかかるとやっかいである。

昔から万病のもと、というくらいで、バカにしてはいけない。そう思うから、早々とお医者へ行き、薬を飲んで、おとなしく寝る。これならすぐ治りそうなものだが、逆にだんだん悪くなっていくから不思議だ。いくところまでいってしまわないと、承知しないらしい。

カゼの経験の浅いうちは、なかなかよくならないのにいら立ったり、焦ったりするが、それでは心理的にもカゼに負けたことになる。まことにありがたくない相手ではあるが、ひいてしまったら、ひとときは付き合う覚悟をするのである。なにごとによらずケンカはいけない。

かかった以上、しかたがない、思い切って静養する。寝ているといろいろなことが頭に浮かぶ。このごろ少し無理が重なっていた。あそこで、ああしたのがいけなかったのだ。ちょっとおかしかったのに、気にかけず動きまわったが、すぐ大事をとればよかった。せっかく体が送ってくれた信号を無視してつっ走ったから、とうとうダウンしてしまったのだ、といった反省をする。

それと同時に、いくら気をつけてもひくものはひく。それに、たまにはカゼくらいひかなくては人間らしくないではないか、と開きなおった気持ちもある。とにかくゆっくり寝よう。いい休養である。

読みたいと思いながら読めないでいた本をゆっくり読む。どうもふだんより頭の働きがよいらしく、すらすら頭に入るような気がする。つい夢中になることもある。こうして読んだ本はあとあと強く印象に残るのも妙だ。

読むだけでは満足できない。かつては、床の中で、亀の子のように腹んばいになってものを書いた。枕上、鞍上、厠上を三上といったくらいである。たとえカゼひき中とはいえ、枕上の執筆の悪かろうはずはない。勝手にそういう理屈をつけていたが、あるとき、こういう姿勢でものを書くと、腰の骨をいためて、どうとかなる、という専門家の話を聞き、怖くなってやめにした。

　ことしのカゼは悪性で、いつまでも居座って難儀をした。しかし、どんなカゼでも、不治ではない。いずれは治って、よくなるからありがたい。

　その快方に向かうときの気分がなんとも言えず、格別である。数日心細い思いをしたあと、暗雲から陽の光がもれるように心が明るくなる。やがてどんどん青空が広がって、気分が高揚するのである。まるで嵐のあと青空を仰いだようだ。そして日ごろはなんとなく灰色の日々を送っているのだということがかえりみられる。

　病気の回復は体だけでなく、精神にも大きな活力を与えてくれるもののようで、さあ、元気を出して前へ向かって進むのだ、という勇気がわいてくる。年をとるとなにごとによらずだんだん悪くなっていくように感じるものだが、カゼのあとは若々しい希望をいだく。

　カゼにかかるのはうれしくない。かかりたくはないけれども、こういう置きみやげがあるのはまんざらでもない。

　カゼよ、来るなら、来い。

師について

頭痛さえ、師になる。我が未熟に気づかせてくれる師なり。

学校の事務からレントゲン写真のとりなおしをしてくれと言われる。映像がどうとかしているらしい。そのどうとか、というところが電話ではよくきこえなかったが、きこえなくても見当はつく。それはそうだろう、とすぐ納得した。

先ごろ学校の定期身体検査を受け、レントゲンをとるとき、両手の甲をうしろの腰にあてる例の姿勢をとることを命じられた。そうしようとしたら飛び上がるほど痛い。いけない、と痛む右手をひっこめ、痛くてダメですといったが、係員がなんと答えたか覚えていない。あいまいなかっこうでとった。いけなかったと言われれば、恐縮するほかはない。そのときの痛さをもう一度思い出した。

夏から右腕がおかしくなった。しかし、はじめはうしろの上の方へまわして背中をどうかしようとするとき、キリリと痛みが走るだけで、ほかはまったくなんともない。大して気にしないでいると、だんだん広がりはじめ、秋口にははっきりこれはおくれてやってきた五十腕だと観念した。

前へ出すのはいいが、うしろへまわすのがいけない。下はよいけれども、上へあげるのが困難で、切符の自動販売機の投入口が高いのがうらめしかったり、情けない思いをする。

なるべく右手を使わないようにしていると、そんなことをしていてはいつまでもよくならない、痛いのを我慢してあれこれ強行するんだ。経験者は冷酷なことを言うが、だんだん行動が臆病になってきたのが自分でもわかる。

それがやはりいけないのであろう。

つい先日、うす暗い階段を昇ってもう終わっただろうと思って出した足が最後の段にぶつかり、つまずいた。とっさのことで、右手をついて体を支えた。痛い腕で全身をもちこたえたのだからたまらない。腕が痛みの棒になったようである。

思わず悲鳴をあげた。そしてまわり前後を見まわす。さいわいだれもいない。そうしたら安心したのか、同じ悲鳴が二度、三度と出てきたのにはおどろいた。しばし、茫然。立ったまま、呼吸の乱れと痛みの消えるのを待った。こんなに痛かった記憶はこれまでない。

この話をしたら、それでいよいよなおる。思い切って痛い目にあうと、それがきっかけでケロリとなおるものだと、慰めてくれる人がある。本当かしら。本当かもしれない。本当であってほしい。

翌朝、目をさまし、そっと問題の腕を動かしてみる。相変わらず痛い。やれやれ。まだまだお付き合いしなくてはならぬのか。こういう痛みは人によってあらわれるのにも早い遅いがあるのだろう。四十腕ということばのあるところを見ると、せっかちな人はそれくらいで経験するのに違いない。普通に、五十肩、五十腕というところをみると、それくらいが多発年齢なのか。まさか自分がそうなるとは思ってもみなかったが、痛くなって観察するに、これを卒業している人がけっこうたくさんある。

五十では知らずにいたが、すこし遅れてやってきた。血のめぐりが悪いのか。とにかくいつまでも若いつもりになっていてはいけないよ、という天の声かとも考えてみるが、日に何度も痛い目にあうのはありがたくない。

万事に遅れているらしく、生まれてから五十歳をすぎるまで歯の痛みを知らずにすごし内心得意になっていたら、人並みに痛み出した。近視のせいか、老眼にはならない。それどころか、まだ近視の度が進んでいる。近視といえども進むというのは景気がよくていい。

残るは頭痛だけになった。これはまだ一度も経験したことがないから、頭が痛いというのは比喩でしか知らない。こうなると、人間的欠陥と言ってもよい。しかし心配しなくてもそのうち痛くなってくれるだろう。つまり、未熟だということである。

意識について

人間の意識というものも、案外、あてにならない。

「こちらを向いてください」

先生がまたおっしゃる。私は歯科医院で診察台にのっているのである。先生の方を向かなくてはいけないのに、いつのまにか反対側のそっぽを向いてしまうらしい。自分では気がつかないで、注意されるたびに恐縮するのだが、しばらくすると、また、あらぬ方へ向いてしまうのが、われながらおかしかった。

年来の悩みでありながら、のばしにのばしてきた歯の治療がいよいよどうにもならなくなった。そこまでほっておいたのは、弱虫で歯医者にかかる勇気に欠けていたからにほかならない、という理由にもならない理由によるのだから恥ずかしい。そのうち、と自分をだましてきた。そのうちなどというときは、いつまでたってもやってくるわけがない。

切羽詰まって、会う人ごとにどこか名医はいないだろうか、とたずねた。あまり痛くてはこまる。上手であるのはもちろん、ちょこちょことしたかと思うと、ではまた来週来てください、などというのではなく、まとめてやってくれるところがいい。そんなお医者があるわけがないという気持ちがどこかにあったようで、この期におよんでもなお、そういうやかましい条件をみたす歯医者のいないことで一日でも治療を先のばしにしたい心理がはたらいていたのである。

ところが、まさにそういう歯医者があると教えてくれた人がいる。ただ特急列車で二時間かかる所だ。少しどころかすこぶる遠いけれども、この際、遠いの近いのとは言っていられない。俗に、ほれて通えば千里も一里、という。これもご縁だと思ってお願いすることにした。意気地なしはこんな紹介者という応援でもないとふん切りがつかないのだ。

一度に何本も抜歯した。痛くない。あとも痛まない。神経も抜いたが、平気である。こういうのだったら、なぜもっと早く処置しなかったのかと後悔する。

二度目にいくと、前の傷のあとが若い人のようにきれいになっていると褒めてくださる。このひとことがどれだけ患者を元気づけたかしれない。いっそう先生を信頼する。この先生ならどんなことでもだいじょうぶだという気になる。するとこんどは、「がまんづよいですね」と言われた。たいして痛くもないのに大げさに顔をしかめる人もいて、つい治療の手がにぶるというような話をされるのは、この弱虫を力づけるためであろう。がまんづよくなんかあるわけがないが、やはりうれしい。

そういう先生の治療を受けているのである。すっかりおまかせしているはずなのに、心の片隅には、まだいやだいやだをしている小鬼がいて、ついつい、顔をあらぬ方へ向けさせるのに違いない。思いもかけぬことを反射的にしてしまう。

永年の勤めをやめて新しい仕事を始めたある人が、朝の出がけに、家の前の道路を左へ行かなくてはいけないのに、これまで通り右へ歩き出す。何度もこれを繰り返しては苦笑いした。いつも夜でなくては使わない部屋に昼入ることがある。電灯をつける必要のないことはわかっているのに、スイッチを入れ、あわてて消す。出るとき消えているスイッチをまた切ろうとしてかえってつけてしまう。バスを降りるとき、ついつい切符をさがす。そして、はじめに料金を払っているのに気付いて、ちょっとバツの悪い思いをする。ある老婦人は戦争中、なにかというと列をつくってものを買ったせいで、いまでも列があると、ついその後にくっつく。いよいよ自分の番になってはじめてうちにあっていらないものだったことが判明する。こういう失敗を何度しても、列があると並びたくなるそうだ。人間の意識の世界というのも、案外、あてにならないところがあるような気がする。

そんなことを考えていたら、「これできょうのところは終わりました」と先生がにこやかな声でおっしゃった。

両手について

手が足の変化したものだとすると、大きなものをぶら下げるのがいかに理に反するものであるか、考えるまでもない。

みんなで食事をして帰ろうという話になり、それぞれ部屋に散り、支度をして玄関へ集まった。めいめい重そうなカバンを持っている。その中でひとり私だけ何も持っていなかった。すべて部屋へ置いてきたのである。口の悪いのが、

「なんだ、遊び人のように。荷物はどうしたの」

と言う。

せっかくうまいものを食べに行こうというのに、手のまわりがうるさくてはおもしろくない。持って帰りたいものもないではなかったが、持ってこなかった。それをとがめられたりしては、不本意である。ただ、遊び人というのはよくわからないが、こういうかっこうをしているらしいということをひとつ覚えた。ものをぶら下げたりしていてはよろしくないという美学が遊び人にはあるのだろうか。それはとにかく、むやみとものを持ち歩きたがるのは野暮だ。

これも親しい人たちと旅行したときのことである。集合場所で顔を合わせた一同が申し合わせたように大きな旅行カバンを持っている。たった一泊二日ではないか。どうしてこんなに仰々しい荷物が必要なのか。その心事をはかりかねる。私は、札入れにハンカチと

チリ紙くらいで、ポケットにも入るが、ポケットがあまりふくらんでいてはおかしいか、と思ってごく薄手の手さげカバンに入れてきた。中はからっぽ同然、指一本でも支えられるくらい。

同行のひとりがけげんな顔で、

「荷物はどうしました?」

と聞く。どこかへ置き忘れてきたのではないかと心配してくれたらしい。

「いいんです、これだけで」

と答えると、その人は自分の大荷物への当てつけととったのか、こちらの用意の悪さにあきれたのか、プイと向こうへ行ってしまった。どうして、人はこうも、ものを持ち歩きたがるのだろう。

手に重いものを持つのは見た目が美しくないだけではない。体にもさわることを経験で知っている。体の調子がすこしおかしいと思うときに大きな荷物を持って動くと、あとてきめんに、悪化する。そういうことが何度もあって、なるべくものを持たずに歩くことを心掛けるようになった。ポーターのように荷物を平気で持ち歩くのは、体調を悪くしたことのない人なのだろう。

人間の手はもとは歩くのに使われていたのが、退行か進化か知らないが、地面から離れるようになったのだと思う。いまも歩くときに手を前後にふるのはその名残りにちがいない。手が足の変化したものだとすると、これに重いもの、大きなものをぶら下げるのが、いかに理に反するものであるか、考えるまでもなかろう。

このごろ、若い人、女性の間に、小ぶりのリュックサックを背負うのがはやっている。右の点からすればはなはだ合理的である。感心はするけれども、まねるには勇気がいる。

もちろん、カバン持ちを従えるような身分ではない。やはりものを持ち歩かないようにするのがもっとも手っとり早い。その気になれば、たいていのものはいらなくなる。

旅行から帰ってくる人が、両手にあまるほどの荷物を持っている。かなりの部分が土産ものらしい。私はどこへ行っても、土産は買わない。どうしてもというときには送る。そして大手をふって帰ってくる。人の気も知らないで、荷物になりますが、などといってものをくれようとする人がいると、泣き出したくなるのである。

手紙について

何もないのがよい便り、ということわざがあるが、庭の桔梗の花を絵にしたからというようなものには、しばし陶然とする。

うちにいる日は郵便の来るのがたのしみである。もうそろそろその頃合いだと思うころになると、玄関脇の郵便受けあたりに神経を向ける。コトリという音がすると、来たな、と急いで行ってみる。空耳だったりするが、いまいましいなどとは感じない。それらしい自転車のきしむ音が近づいてくると、仕事をやめて門のところへ出て、直接に郵便を受け取る。

別に特別いいことがあるわけではない。たいていはダイレクトメールのたぐいであるが、それでも来た方がいい。封書やはがきが大型郵便物の間に小さくなってはさまっているのがいじらしい。日曜日は郵便がないからつまらない。

見るまでもないもの、読みたい雑誌、書籍類、私書で返事を要するもの、仕事の連絡、といったように分類するのもおもしろい。表に平信、とことわってあるのは、とりたてて用件はありませんが、ということであって、もっとも心ひかれる。いちばんあとにゆっくり読むことにする。

老先生からの平信に、わたしの恩師がかつて長期研修に参加されたとき、毎週末、東京から大阪の自宅へ帰られたというので評判だったというエピソードが伝えられていた。この春に亡くなられた恩師のことを書いたのが老先生の目にとまり、思い出されたというのである。返事無用とあるけれども、さっそく返事を書くとともに、大阪にご健在の恩師未亡人にこのほほえましい話を伝える手紙を書く。

関西の新聞社の人からの速達は問い合わせである。私が放送で話したことの中にアイランド・フォームというのが出てくる。その人はそれにふれた原稿を書いて活字にした。アイルランド・フォームとしたら知り合いから注意された。ついてはアイランドかアイルランドかというのである。これも急いで返事をしないといけない。

いつも手紙やはがきをくれる人が何人かいる。文字を見るだけで差出人がわかる。たいてい平信である。何もないのがよい便り、ということわざがあるが、庭の桔梗の花を絵にしたからといって送ってきたりすると、しばしながめて陶然とする。

手紙をもらうのを喜ぶのだから、それだけのことはしなくてはならない。あとで、などと考えないで、できればすぐその場で返事をしたためる。会合への出欠なども思案したところでどうにもなるものではない。すぐ出欠をきめてすぐ返信用はがきを出す。あなたのはがきが一番早く届いた、といわれたことが何度かある。仕事の手を休めて郵便物に目を通していているときは返事はあとまわしにするが、その日のうちには書く。今日できることを明日にのばすな、これがモットーである。忙しくて郵便物の束をとくこともできず、横目でにらみながら仕事をするのも悪くないものだ。これがすんだら手紙が待っている、そう思うと張りが出る。

ものをもらう。親しい人でも、電話ではお礼を言わない。できれば封書にする。そうはいかないが、ごく遠慮のない相手ならはがきで勘弁してもらう。丁寧な御礼を書きたいときには奉書の巻紙に筆で書く。字がまずいのが残念だが、ときには墨をすり筆の字を書くのもわるくない。巻紙を切るのにハサミやナイフを用いるのは不粋で、かつては折って折り目をなめて引っ張った。きれいにいけば立って切れる。ある人はどうして紙の大きさぴったりに書きおえられるのかときいてきた。別の人からはああいう紙の切り方はどうするのかと尋ねられた。私は墨をつけたことのない筆に水をふくませ線を引いて切る。

距離感について

父親の書いた作品を息子や娘が感心するのは難しい。
歴史でも百年前のことのほうが現代よりもよくわかる。
近いとかえってわからない。

新しく教師になる青年「いい具合に学校の近くに部屋が借りられそうです」
先輩「あまり感心できませんね。できることならすこし離れたところの方がいい」
青年「どうしてですか、わかりませんが」
先輩「近くだとどうしても普段の姿が生徒の目に入る。教師も人間だからいいところばかりではない。こどもはしらずしらずのうちに幻滅を感じる。隣のマチから通えば、そういう心配がなくてすむ」
青年「偽善的になれとおっしゃるのですか」
先輩「偽善ではない。教える者と教わる者の間には距離がいるということです。教師といってもそれほどりっぱなわけではない。それなのに親、兄弟のできないことができるのも、距離のせいです。学校ではすぐれた授業をする先生が、うちでわが子の勉強を見てやる段になると、おこってばかりでまるでダメということがよくあります。近すぎるのです」
青年「そんなものですか」
先輩「別の話をしましょう。ある漫画家のところへ編集者が原稿をとりにきたのですが、まだできていなかった。待ってもらえばいま描きます、と漫画家が編集者の目の前で描きはじめ、やがて仕上がった。見ていた編集者が、こんなに簡単にできるのですか、もっとたいへんだろうと思っていました、と言ったそうだ。それ以来、この漫画家への信用はだいぶ下がった。あのとき別室で描くべきだった、と本人はいまも後悔している」

青年「楽屋を見せてはまずいのですね」

先輩「〝近いものは近いものに影響を与えることは難しい〟。父親の書いた作品を息子や娘が感心するのは難しい。愛読するのはどこのだれともわからない読者である。歴史でも百年前のことのほうが現代よりもよくわかる。近いとかえってわからない」

青年「だんだん大問題になってきました」

先輩「社長の伝記を専務が書いたりしても成功したためしがない。近親者の書いた伝記も同じ。あまりよく知っている、知っていると思っているのがよくない」

青年「どうしてうまくいかないのでしょう」

先輩「それがおもしろいところだ。車の運転で車間距離をやかましくいうが、人と人の間でも、〝人間〟距離をつめると、大事なことが見えなくなる。親子はもっとも近い間柄だから、親は子のことならなんでもわかっているつもりになっているが、その実、他人に見えていることさえ目に入らない。〝子ゆえに迷う親心〟というわけだ」

青年「やはり距離の問題でしょうか」

先輩「それで昔の人は〝三尺下がって師の影を踏まず〟と教えた」

青年「いまどきそんな古くさいのは通用しないでしょう」

先輩「やみくもに先生をうやまえと言っているのではなく、適当な師弟の距離がないとせっかくの勉強の効果があがらないと教えているのです。隣町に住むのは生徒からではなく、教師の側からその距離をとることになります」

青年「なんとなく、本当のような気がしてきました」

先輩「西洋に〝従僕にとって英雄はない〟という諺がある。身近の英雄は英雄でなくなる。モンテーニュの『随想録』の中に〝肉体の美しさは無類〟だったマクシミリアン一世のことが出てくる。彼はどんな心易い従僕にも決して厠にいる姿を見るのを許さなかった。それればかりか、遺言書に自分が死んだら股引をはかせるように命じた、というのです。彼が〝美しい〟といわれたのも、こういう配慮があったためかもしれない」

老先生のはなしはなにしろ長い。とどめがないから、このあたりで失礼。

幻想について

百聞一見にしかず、などというのは、想像力の衰弱した人間の考え出したことばなり。

イギリスの週刊誌で、本に著者の顔写真をのせる問題が論じられた。結局、本を読んで感じられる著者像は写真の印象とはときとしてひどく違う。せっかくの読後感を写真でこわしてしまうのは愚かではないか、というところに落ち着いたようである。

〝名著を読んだら著者に会うな〟ということばがやはりヨーロッパにある。名著でなくても、きっかけさえあれば、本の著者に会いたがる向きがすくなくないが、忙しい人のじゃまをしては悪い、というのではない。会いにいけば幻滅を感ずるのがオチだという忠告で、これも、本のイメージの方を大切にした考えである。百聞一見にしかず、などというのは、想像力の衰弱した人間の考え出したことばであろう。

はじめて会った人から、よく、

「外国へはちょいちょい、お出かけになるでしょうね」

ときかれるが、そのたびに、また、おいでなすったか、と心が重くなる。英語の教師をさせてもらっているのだから、そう言われても文句はない。

「実は、一度も行ったことがありません」と本当のことだから、さらりと言ってのけるのは何でもないし、実際、たいていの場合はそうしているが、そう言うと、相手は面くらって、話のつぎ穂を失うらしい。見ていても気の毒だから、返事の仕方に気をつかう。

最近は気軽に外国へ行かれる。先日も、円高万歳という文字が目に入ったから、何かと思ったら、海外旅行の絶好の機会であると書いてある。ちょっと浅ましいような気がする。さぞ混雑するだろう。そういうときには、用があっても遠慮したい。

「なぜ、いらっしゃらないんですか」

追い打ちをかけてくる相手には、行きたくても行けない戦争中に始めた英語で、はじめから外国の土をふむことなど考えていなかった、というもっともらしい言い訳も用意してある。もっとも、いまどき、こんなセリフは通じないようだ。行きたくないから行かない、と言った方がさっぱりしているが、そんなに尊大な人間かと思われるおそれがある。

『源氏物語』の英訳者として有名なアーサー・ウェーリーは生前、何度か招かれたのにとうとう日本へも、東洋へも来なかった。ご好意はありがたいが、わたしの愛しているのは本の中の東洋であり、日本である。現実の姿にふれて、その幻の美をこわしてしまうのにしのびない。行きたくないから行かない、と言い切った。さすがである。

本に著者の顔写真のあるのでさえじゃまになる。頭の中にくりひろげられている幻想の世界は現実によっていとも簡単に破壊されてしまうだろう。それは困るというのは、たんなる感傷や現実逃避ではない。

この点でウェーリー先生には先輩があった。フランスのポール・ヴァレリーである。彼も東洋につよい憧れをいだいていたのに、東洋を訪れれば、夢はさめてしまう、行かない方がいいから、行かない、と言い、人にも幻想を大事にするのだったら、行くな、と話していたそうである。

英語の教師のくせに、一度も外国へ行ったことがないなんてどうかしていると思うらしい人には、ヴァレリー先生、ウェーリー先生のひそみにならっているのだと説明すれば、りっぱに聞こえるが、おおげさすぎて照れくさい。

行けるからといって行かなくてはならない義理はない。行けないときはどうすればいいのか。『源氏物語』の研究家でも、まさか平安朝をたずねる、とはいくまい。

こちらが外国へ行かないのに子細はない。なまけもので、わがままで、動くことがきらいなのである。国内の旅行もなるべくごめんこうむりたい。このまま外国へは行かず、それよりもっと遠い所へ行くような気がする。

II

気分が変わるのを味わう

贈り物の昨今

もらって一番うれしいのは、善意である。心にまさるプレゼントなし。

Aさんは学校の先生である。隣にアメリカ人のBさんが住んでいて、親しく付き合っている。Aさんの家にはよそから来た人の車をとめる場所がないが、Bさんの所には空き地がある。Aさん宅へ車で訪れる人は、ときどきBさんの敷地に駐車させてもらう。あるとき、Aさんの学校の校長がAさんの所へ来た。あらかじめBさんの庭先に駐車させてもらうのだと聞かされていた校長さんは、Bさんへのお礼のつもりで、箱づめのイチゴを持って来た。帰りに校長さんはこれをBさんへと言って、帰った。

Aさんが Bさんの所へ行き、わけを話してイチゴを渡そうとすると、Bさんが珍しく声を荒立てて「受けとれない」と言った。なぜ校長さんが私にイチゴをくれるのか。彼はイチゴを栽培しているのか。私がイチゴ好きだと思って持って来たのか……。

Aさんが、お礼のしるしだ、と説明すると、Bさんは「それならなぜ、本人が来て、どうもありがとう、とひとこと言ってくれないのか。そうすれば友だちになれたかもしれないのに……」と不満を述べたという。

これは、ある在日アメリカ人の書いた本で読んだエピソードである。読んだあと、贈り物の文化の違いを考えさせられた。校長さんのしたことは、我々もしそうである。別に非難される筋合いはないように思われる。しかし、アメリカ人にはこのプレゼントが好意として受け入れられなかった。物をくれるよりも、感謝、お礼の言葉の方がありがたい、というのである。そう言われてみると、我々は、品物を贈ることに気をとられ、心を伝えるのをおろそかにしているのではないか、と反省させられる。

思うに、人に物を贈るのは、多く贈る側の都合によるようである。もちろん、相手の喜んでくれそうなものをあれこれ思いめぐらすこともないではないが、おいそれといいものが出てくるわけがない。これならと思って贈った物が、ほかの人もそう思って贈った物と同じであったりすると、もらった方はため息が出るに違いない。

かつて、結婚祝いに紅茶セットを贈るのがはやったことがある。新婚家庭にはどこも何セットもあって、始末に困った。さすがに、それではまずいとわかって、品物の代わりにお金を包むようになった。今はほとんどそうである。お金ならダブっても困る心配はないし、金さえあれば好きなものが買えるのだから、もらう側のことを考えた祝いということになるだろう。ただ、現金のお祝いはいかにも〝現金〟で、あっけらかんとしているが、心がこもっていないように感じられるのは是非もない。

受ける側から、もらって一番うれしいのは何だろうか、と考えてみて、先のアメリカ人ではないが、やはり品物より気持ち、好意、善意である、というところに落ち着いた。心にまさるプレゼントはない。

なかんずく賞賛の言葉がありがたい。講演をしたあと、どうも思うような話ができなかったと落ち込むことがよくある。そんなときに花束などもらってもうれしくない。壇からおりてきて、おもしろかったと、たとえお世辞でも、ひと言ほめられると、疲れがいっぺんに吹き飛び、舞い上がるような気持ちになるのである。

日ごろの贈答でも、本体は相手への好意とし、それにちょっとした品物で風情を添える。私など、ものはなくとも、あたたかい言葉に恵まれたい。年のせいか。

接触の昨今

知り合いとの触れ合いをいやがるくせに、日本人は見ず知らずの人とはさかんにぶつかって平気なのはどうしたことか。

狭い道を歩いていると向こうから人がやってくる。避けようとすると相手も同じ方へくる。いけない、と反対側へ寄ると向こうも同じことをして、またぶつかりそうになる。互いににが笑いしてすれ違う。そういうことがときどきある。

海上で衝突の危険のある二隻は、相手を右に見る船に回避義務があるときめられているという。それでも衝突事故がなくならないのは、その通りにいかないことがすくなくないからであろう。とにかく海上交通ではルールがあるのに、歩行者にはそういうとりきめがないから、避けるつもりでかえってハチ合わせをするようなことになる。アメリカ人は、そういうとき、視線をすこし振ることで、わたしはこちらへ進みます、と相手に伝えることができるようになっているそうだが、なかなか進んでいる。

日本人もかつてはちゃんとしたルールをもっていた。江戸が世界屈指の大都会であったころ、通りは人でごったがえしていた。ぶつかる人がいても不思議ではないが、ぶつかったりしてはいけない。衝突を避ける方法を市民は心得ていた。すれ違うときに相手のいる側の肩をうしろへ引く。そうすればぶつかるところがすんなり通られる。これを江戸しぐさといった。やはり世界的大都市だが、いまの東京に東京しぐさがない。

ハチ合わせをするのはまだあいきょうがある。おもしろくないのは、まるで避けようともしないで、突進してくる歩行者である。かどばったカバンや金具のついたバッグをもっていて、それでいやというほどたたかれる。すみません、とでも言えば、気がすむけれども、なにをトンマな、どこを見て歩いているの、といった顔をして行ってしまうから、ふり返ってにくらしい後ろ姿をにらんだりする。ちかごろ道を歩くのもらくではない。

日本へ来た外国人もぶつかられてひどくおどろいている。これはあるアメリカ人が本に書いていることだが、一般に日本人は相手にさわられることを好まない。アメリカ人同士だったら肩に手をかけるようなときでも、なるべく触れないように努力する。しばらく日本で暮らすと、接触飢餓におちいってしまう。知り合いとの触れ合いをいやがるくせに、日本人は見ず知らずの人とはさかんにぶつかって平気なのはどうしたことかと、このアメリカ人は疑問を投げかける。

さほど混雑していない通りでも、日本人は近寄ってきてぶつかっていく。どういうつもりなのか、さっぱりわからない。これは別のアメリカ人だが、ひとつの実験をした。大きな駅の中央ホールで、数人の学生にめいめいに本を読ませて、人の流れからすこし離れた個所に立たせておいた。その学生たちの報告によると、立っているのは人のあまり通らない場所なのに、わざと近づいてきて、接触していく通行人が何人もいたという。もちろん、なんとも言わないで行ってしまう。こんなことをしたら、アメリカだったら、ただではすまない。どんなトラブルになるかもしれない、と実験したアメリカ人は心配している。

朝晩のラッシュのときの乗りものの混雑はものすごい。おしあいへしあいである。それを毎日経験していると、見ず知らずの人とぶつかるのになれっこになってしまい、人がいるのにはなれていると不安になってくる日本的接触飢餓にかかるのかもしれない。そういう人間は、人がいると、避けようとしないで吸い寄せられるように近づいていってぶつかる。

顔の昨今

古い写真を使っているのは、若く見られたいためにわざとしているのだろうという非難らしいから、こちらは大いに面くらうが、いちいち弁解するのは面倒だからほっておく。

雑誌で詩人のNさんのことを書いた文章を読んだ。Nさんなどと心安く呼んではいけないのだが、生前、親しくけいがいに接していて口ぐせになっているので許していただくことにする。写真がのっているが、おそらく三十代のものであろう。さっそうたる青年詩人の姿である。

こちらが知っているのは六十歳ごろからのNさんで銀髪がまぶしいばかりであった。黒々とした髪の写真は別人のような気がする。そういえば、数カ月前にも、ほかのところに、やはりこれとよく似た写真が出ていたのを思い出した。Nさんの代表的写真はこれということになったのかもしれない。歴史の中に入ってしまえば、〝近影〟でなくてもいいわけで、生涯をもっともよくあらわすポートレートがひとつあれば、それによって後世に記憶されてすこしも不都合ではない。

生きている間に、何十年も前の写真を使ったりしたら、どんな好意的な読者でも黙ってはいないだろう。死んでしまえば、近影でなくてもよくなる、というのはいくらかうらやましいようである。というのも、こちらが、顔写真でわずらわしい思いをしているからにほかならない。

ものを書くと、顔写真を貸してほしい、といわれる。写真にしろ顔を貸すのがたのしいわけがない。ごめんこうむりたいが、編集のことばは容赦がない。口では言いにくいからご用済みの節はぜひお返し願いたい、と写真の裏に書いておく。それでも、返ってこない方が多い。わが顔が製版所のすみっこに投げ出されていて、しばらくすると床におち、ふまれてゴミになる、といった想像をするのは愉快ではない。ときとして、書留で写真が返送されてきたりすると、なんといい人だろう、とその配慮を尊敬する。

もともと写真をとるのと理髪へ行くのがきらいなたちである。頭は刈らないではすまされないが、写真はとらなくてもすごせる。スナップをとった人が出来たといって送ってくれるのと、カメラマンがとったのが少々あるにすぎない。それが貸し出すたびに返ってこないとなると、手もちはすくなくなるばかり。残っているのは、いかにもひどく、使いものにならない。しかたがないから、すこし前にとった、いくらか見られるものを使ってもらうことにする。

こちらは、顔写真などどうでもいい、と思っている。いつとったのか、本人が忘れている。構わないだろうと気にもとめないでいると、あの写真は古い、という声がちらほらきこえてくる。のんきにきき流していると、新しいのとさしかえた方がよい、と注意してくれる親切な人があらわれる。古い写真を使っているのは、若く見られたいためにわざとしているのだろうという非難らしいから、こちらは大いに面くらうが、いちいち弁解するのは面倒だからほっておく。思いたいのは思ったらいい。

Nさんの若いときの写真を見て、こういうようになれるのはごうぎなものだと改めて感心する。しかし、死んでもこういうように年齢を超越するのはだれにでもできることではない。こちらはさしずめ生きているし、どんどん年をとっている。手もとの写真はどれも若いときのものばかりになってしまった。

写真をとらなくてはなるまい。とれば気に入るのがとれるという保証がないのはこれまでの経験でいやというほどわかっている。実物が実物であるのに、写真だけましなものにしようというのがそもそも誤りだ。うぬぼれもいい加減にするがいい、と言われそうである。とるのはまたいつかのことにする。

反動の昨今

われわれはお互いに、あまのじゃくにできているということなり。

あるとき友人をかたらってあることをしようとした。こちらはすこぶる乗り気だったが、向こうはどうも気乗りうす。何を言っても、おもしろくなさそうな顔をする。

そのうちに、こちらも面倒くさくなってきた。どうでもいいや、と思いだしたから、「この話、なんだったら、やめにしようか」とひとりごとのように言った。すると、それまでどんよりしていた友人の目が、キラリと光ったようであった。

「やめなくてもいいじゃないか、せっかくこれだけ考えたんだから……」

という彼のことばは意外だった。ところが、ふしぎなことに、そう言われると、おあいにくさま、こんどはこちらが急にいや気がさしてきた。それに反比例して、意地になったのかと思うほど友人が積極的になり出した。

ツルベみたいだ。一方が上がれば、他方が下がる。とかく世の中はままならぬ、と思ったが、要するに、われわれはお互いに、あまのじゃくにできているということである。素直ではない。流れにさからってみたい。コイは滝のぼりをするという。コイも人間に似てあまのじゃくにできているのであろうか。

正月に友人が何人かやってきた。いずれも外国語、外国文学をしている仲間である。何がきっかけであったか忘れたが、めいめいの出身地の話になった。そして、みんなそろって大都会に縁のない地方の人間であることがわかって、おもしろかった。

草深き、かどうかは知らないが、とにかく田舎育ちである。へんぴなところに生まれたくせに、外国の勉強なんかして……と心なき人は考えるかもしれないが、ありようは、山家育ちだからこそ、外国にあこがれたのであろう。花の都で大きくなったら、民俗学かなにかに心ひかれたに違いない。つまり、あまのじゃくのなせるわざである。

このごろ、日本中に田舎がなくなろうとしている。われわれのように、外国の青い鳥にあこがれる若い人がすくなくなるのではあるまいか。すでにその変化のきざしは見えているような気がする。

戦争中に、科学英才組というものができたことを記憶する人もだんだんすくなくなってきた。戦争のためには科学技術を飛躍させる必要がある。すぐれた科学者を養成するのは国家的急務だというので始まったエリート教育であった。

小学校から算数と理科を重点的に教えるというので話題だった。一人前の科学者になるのに何年かかるのか知らないが、すでに戦局の形勢の悪くなっていたときに、そういう遠大な計画を立てたというのは、あっぱれだと言えないこともない。それにしても、いかにも泥縄式で、教育をどう考えているのかという感じもする。

ここで言いたいのは、そんなことではない。この科学英才組にいた秀才たちが、その後、期待された通りに科学者になったかどうか、である。くわしく調べたわけではなくて、人からきいた話をまとめた知識しかない。間違っているかもしれないが、ということをお断りした上で言うのだが、ほとんどの人たちが大学では文科系へ進んでしまった、という。

せっかく、理数中心の英才教育を受けたのに、自然科学へは向かわずに、別のコースをとった。その間に、敗戦というような大きな変動があったにしても、これはあまりにも皮肉な結果ではないか。このごろも早期教育がやかましく言われるが、へたをすると逆効果になりかねないのは、この例をもってしてもわかる。人みな、あまのじゃく。

そういう特別教育でなくて、ふつうの勉強でも、まわりがあまりうるさく言うと、かえって勉強ぎらいがふえるおそれがある。あまのじゃく効果を期待して、勉強なんかしなくて結構、とやったらどうか。それで素直に勉強をやめる子があらわれたら、そのときはあきらめる？

信頼の昨今

世の中がずいぶんはげしく変わってきたようにいわれるのに、〝おまかせ〟や〝時価〟はあまりすくなくならない。

ある外国人が日本へ行ったら、まず江戸前のすしを存分に食べようと思っていた。早々にすし屋をおとずれた。

テーブル席はこんでいるのにカウンターの方にはだれもいない。どう違うのかときくと、カウンターは〝オコノミ〟だといわれたこの外人は、飛行機でもエコノミー・クラスといえば安いから、すしもその伝だろうとひとりぎめして、カウンターに陣取り、たらふく食べたはいいが、勘定の段になって、目の飛び出る思いをした、という。この人は日本語にたんのうだったのだが、〝お好み〟の用法には通じていなかったための笑い話。

お互いだれだって、すしは食べたい。できれば〝お好み〟でつまみたいと思っていても、勘定がこわくて近寄らないのがどれくらいいることか。とにかく、君子ははじめてのすし屋には近づかない。初回の店で、いくら請求されるか、とレジの前に立つときのスリルはまた格別である。

こういうことはなにもすし屋の専売ではない。ちょっとしゃれた飲み屋、料亭ならどこでもはっきりした勘定の明細などにお目にかかることは困難である。

おかみが小さな紙切れに鉛筆で数字を書きつけてくる。なぜか鉛筆ときまっているようで、ボールペン書きなどでは雰囲気がこわれるのであろう。

うすぐらがりでは、さだかに読みとれないが、決していくらいくらと口に出しては言ってくれないことになっている。たいていは、十円単位までの端数がついているから、実感はじゅうぶんである。その釣りを受けとるかどうかにも心ある客は頭を使わなくてはならない。飲み食いもなかなか楽ではない。

景気よく飲んでいても、勘定のことを思うと、たちまち粛然として、酔いもさめる。なんたる意気地のないことだ、などという向きは、いずれ社用族か、そのタカリ族で、自前の緊張を知らない手合いと見てまずまちがいない。

こういう〝つけ〟がまかり通るには、それなりのわけがあってのこと。なかなか変えられるものではあるまい。以心伝心の会計学は客の商人に対する信頼によって成り立つ。相手の言うなりになっても、まさか、ひどいことはすまい。そういう気持ちがある。あるいは、あるように見せたいと思うから、〝みつくろって、適当にたのむ〟とイキがることができる。

品書きに〝時価〟となっていても、〝きょうの時価はいくらだ〟などときいたりするのはヤボの骨頂とされるのも、客と店との信頼は神聖にして疑ってはいけないものという建前にもとづく。世の中がずいぶんはげしく変わってきたようにいわれるのに、〝おまかせ〟や〝時価〟はあまりすくなくならないのはおもしろい。

紙切れ鉛筆書きの〝つけ〟の肩をもつなら、そういうところは概してサービスがよい。このごろ買いものをして腹を立てることはしょっちゅうである。定価のはっきりしているレストランなどへ入って食事をすると、湯呑みをワシづかみにして出されてもぐっと我慢しなくてはならない。

ものをきいても、ロクに返事をしない店員もちょくちょくお目にかかる。客扱いがひどく荒れているが、これはチップをやる慣習がないからだという説がある。

日本式の〝つけ〟はサービス料、チップ込みだから、あいそもいいし、客扱いもていねいなのである。そうでない明朗会計のところが、さっぱりしていたり、ときに多少、乱暴であっても、むしろ当然かもしれない。親切にしてほしいと考えるのは客の甘えである。

いろいろなものが渾然と同居しているのが日本文化の特色だというが、〝つけ〟と明細つきの勘定をえらぶことができるのはありがたい。

常識の昨今

茶わんをわしづかみにしている人を見ると、　われわれの体の中に眠っていたものが目をさます。

コップの水はいいが、茶わんのお茶がこわい。

何のことかというと、食べもの屋などで出す水とお茶のことである。注文をとりに来るとき、水かお茶をもってくる。水の方が多い。たまにお茶をくんでくれる。それが問題。ここもそうではないかと、いつもヒヤヒヤする。たいてい心配が当たって、いやな目にあうのである。

そういうところの茶わんは肉が厚くできた粗末なものにきまっている。落としても割れないだろう。それが気に食わないと言っているのではない。

店の人がその茶わんをつかむつかみ方である。気になってしかたがないが、まさか文句を言うわけにもいかないから、じっと我慢する。あとで、おいしいものを食べさせてくれても、味は半分死んでしまう。

大衆食堂ならぜいたくは言えない。あるときホテルの部屋で会議があった。中途でボーイが日本茶をはこんできた。コーヒーを出すほど会に予算がなかったのかもしれない。出がらしのお茶をくばった。それはいい。よくないのは、ボーイの茶わんのつかみ方である。

〝こわい〟つかみ方をして、ひとつひとつお茶を置いていく。そちらに気をとられていて、会議の方はお留守になってしまった。それがちょっと知られたホテルである。ただ、ボーイのしつけがこの程度では、えらそうな顔はできないね、とボーイの後ろ姿をながめた。

ホテルで日本茶なんか出させる方がわるいということもある。ところが、日本料理の座敷で同じ茶わんの扱い方をするところがいくらでもあるからおどろく。

〝こわい〟というのは、茶わんを上の方からわしづかみにするつかみ方である。お茶をするには、茶わんのふちに口をあてる。そこはさっき目の前で他人の指がふれていたところだ。ひとの指はみんな不潔だというのではないが、見ず知らずの人間の指をなめたいと思うのは異常であろう。

昔、ある町役場へひとりの有力者の老人がよくあらわれた。給仕がお茶を出すと、老人は茶わんをかたむけて、床へお茶をたらしてこぼす。そして、そこへ口をつけてお茶を飲むのを常とした。これで消毒しているのだというのが老人の理屈である。

そこの給仕はわしづかみにして茶わんをもったのではない。それでも老人は茶わんのふちがよごれているのではないかと不安だったのである。このごろのように、目の前で、この通り茶わんのふちにさわってありますよ、と見せつけられたら、かの老人だったらどうするであろう。

これは別の人の話だが、旅館にとまると、女中のしいたふとんをさかさまにする。足の方を頭にして寝た。ひとの口に当たるところにはバイキンがあるかもしれない。足の方はきたないが、息のかかったかもしれないところよりはまだましだ、というのがその人の言い分である。日本人は、これでなかなか衛生的なのだ。

茶わんをわしづかみにしている人を見ると、われわれの体の中に眠っていたものが目をさますらしい。

茶わんには、コーヒー、紅茶のカップと違ってとってがついていない。つまり、茶たくにのせてはこぶことが前提になっている。コーヒーカップだって受け皿にのせる。まして茶わんに茶たくは欠かせないものでなくてはならない。さらに言うならば、茶わんにはふたがついていたはずだ。

それがこのごろ、ふたはどこかへ行ってしまい、茶たくもない。はだかの茶わんをわしづかみにして、どうぞと言われても、そんなお茶は飲む気がしない。

わしづかみが普通になるのだったら、茶わんにもとってをつける必要がある。

朝食の昨今

一滴一粒口にしないというのにこだわるのは窮屈なり。

朝食をとるようになった。私にとっては新しい経験で、朝になると、そわそわする。

いつから食べなくなったのか、わからないくらい以前から朝食をしない習慣になっていて、昼までは食卓に近づかない。なぜ朝食をしなくなったのか。それにはちょっとしたわけがあった。

早起きしようと思ってもどうしても朝寝をする。そして食事をしていればすぐ昼になってまたものを食べる。これでは、いつも食べてばかりいることになってしまう。食事のあとはしばらく休まないといけない。いくらかぼーっとした頭で本など読めるものではないこともわかっている。朝食を抜くのではなく、おくらせて正午にとることにすれば、午前中は朝飯前の時間だ。すこしくらい寝坊をしても、ゆうゆうたるものだ。自分をそう納得させて朝、食卓に向かわない日課を始めた。

お茶いっぱいも飲まない。寒い季節だと、体が冷えるだろうと同情してくれる人がいる。おなかがすくでしょうと心配する人もある。とくに寒いということはない。すいたおなかはもうすきようがない。いっぱいに詰め込むから空腹が意識される。へるだけへった腹はなにも感じない、そういって安心させた。

やはり年のせいであろう。半年くらい前から、一滴一粒口にしないというのにこだわるのは窮屈だ。モーニングミルクを飲もうかと考え出した。飲んでみると、なかなかよろしい。朝食はとらないが、牛乳は飲むことにした。すると知人が、あなたのような人は毎日プルーンを食べる必要があるということを教えた。こまかい理由もきいたが、それはどうでもよい。牛乳だけではすこし口がさびしいと思っていたところだから、さっそくプルーンを添えることにした。牛乳だけなら立っても飲めるが、こうなると、テーブルに向かって腰をおろさなくてはならない。

こどものころ秋になると、モミ殻を焼くついでに焼いた焼きイモを食べた。その味が忘れられない。いまでも焼きイモ売りの声をきくたびに口がぬれてくるけれども、夜走っていって買うだけの勇気がないのでがまんする。そんな話をしたら友人が、電子レンジでかんたんにできるではないか、とわらった。そうであったか。そうであったか。

さっそく試みるに、りっぱな出来ばえである。ほしいといつでも食べられるのがいい。そうだ、せっかく、牛乳を飲みプルーンを食べるようになったのだから、これに焼きイモを添えてはどうか。これならいくらか朝食の形がつく、と思った。

しいて主食といえばイモである。あきてきたらじゃがいもで変化をつけてもいいと考えているが、いまのところ焼きイモで不満はない。細目のを一本、ゆっくり、牛乳をすすりながら、ときどきプルーンをほおばりつつ、かじる。

これで朝飯前の時間が大幅にへってしまったけれど、かつてに比べると、朝の目覚めが早くなって、むしろ寝坊するのが難しいほどである。九時ごろに起きるのでは朝食は控えた方が賢明だが、五時前に目がさめ五時半に起きるというのでは、昼まで何も口に入れないとなるとすこし長すぎる。人並みに朝食をとった方がよかろうと考えたのである。

しかし、一年中焼きイモを食べるときめたわけではない。当分はこれでいくとして、春になったらなにを主食にしようか、いくらか迷っているが、そのときになればまた何とかなるさとタカをくくっている。ひょっとすると、ご飯にみそ汁となるかもしれない。

好物の昨今

離合集散つねならず。

どうも魚がうまくない。友人数人と雑談していて、そういう話になった。たまたま魚好きがそろっていたらしい。勝手なことをしゃべっているうちに、ことばに酔ったようになっているのもいる。このまま話をたべているだけではどうも虫がおさまらない。

だいたい、東京にいて、うまい魚を食べようなどという了見がいけない。よろしくとれるところへ行って味わうべきだ、とひとりが言うと、たちまち、魚をたべる小旅行の相談がまとまった。せっかくの企画だから、同好の人たちに呼びかけようではないかということになる。こうなれば、何か名前があった方がいい。ネコの会とした。

よほど魚にうえている人が多いのであろう。びっくりするほどの人たちが参加して、はじめてのネコの会は三浦半島は荒崎海岸へくり出し、とれたての魚をたらふく食べて帰ってきた。しばらくすると、またたれかが、行こうじゃないかと声をあげる。そのつど、参加者を募る。いついつどこどこ集合、とだけしかきめない。集まったものがその日のメンバーである。ネコはネコでも野良ネコみたいなものだから、メンバーが固定していない。離合集散つねならず。

だんだん遠出もするようになり、ある冬は越前までカニを食べに行ったこともある。さすがにこのときはごく元気なネコが数匹参加しただけであった。こういうときは帰ってきてから当分はうまかった話を反芻してたのしむことができるのだから安いものである。

そのうちに産地の魚もおかしくなってきた。すくなくともネコたちを満足させないのである。ひとつには老猫になってきて行動範囲が限られるようになったこともある。乗物にのって一日がかり、二日がかりで魚を食べに行くのがおっくうに思われ出した。

世間では、生け作り、というのがはやり出した。世のネコたちが目の色をかえてとびつくのであろう。しかし、われわれくらいのネコになると、水槽の中で泳いでいたのが食べられるといって有頂天になったりはしない。生きていることは生きているが、水槽の中でうろうろしているうちに味が落ちてしまう。生け作りは敬遠する。

遠出もしない、生け作りには近づかない。それでは魚との縁が切れてしまう。そんな心細さを感じていたときに干物と出会った。もともと、干物はネコマタギというくらい。たまには口にしてもうまいなどと思ったことはなかった。ところが、あるとき、三重県の南の方へ行き、漁村で買ってきた、ひらきがびっくりするほどおいしい。鮮魚よりいい。椎茸も生より乾燥したものの方が味が深いのに似ている。劫《こう》を経てきてネコはネコマタギをまたがず、むしろとびつくようになったのである。どこそこにうまい干物があるときけば、何とかして手に入れようとする。しかし、たいていが遠いところで思うにまかせないから、ときに、じれったい思いをする。

求めよさらば与えられん、とはよく言ったもので、つぎつぎ、うまい干物にめぐまれる。このごろは神奈川県の真鶴のひらきにとりつかれている。はじめは小田原の知人から送ってもらったアジで、いままで口にした最高の味であった。それからときどき賞味する機会にめぐまれるが、先日は、アジのほかにサバの一日干しというのであろうか、ひらきをもらった。脂がのっていて、サバがこれほどおいしい魚だとは知らなかった。きけば、こういう干物をこしらえられるのはいまはひとりしかいないそうで、そのありがた味もある。

話題の昨今

こどものころの話をするのも悪くない。

ＮＨＫの夕方のローカルニュースで、千葉県習志野市のある小学校のこどもたちが校庭のまわりに植えてある桑の実をたのしそうにとって食べている画を見せた。

たまたまその日の午後、桑の実のことを話してきたばかりだったから、おやおやと思う。その日は授業と授業の間の休み時間にコモンルームで同僚のアメリカ人と二人だけになって雑談する。なんとなくお互いのこどものころの話になった。

かれはサクランボの産地で育ったそうで、サクランボの熟れる季節になると、庭先の自家用の木にのぼって、とっては食べ、とっては食べ、たいていは暗くなるまでおりてこなかったものだ。そう言いながら、かれは遠くをながめるような目つきをした。

きくだけでも情景が目前にちらつくような気がする。どこの国だって、こどもは同じようなことをして大きくなるものらしい。

こちらもお返しの話をする。あいにくサクランボとは無縁な土地に育ったが、養蚕のさかんな地方で、あたりは一面の桑畑である。それが晩春になると実をつける。はじめは青いが、すこしずつ色づいて、赤くなり、赤味が濃さをまして紫色になり、そして、ほとんど黒く見え出す。急がないと落ちてしまう。

学校帰りの悪童連は桑畑で道草を食う。肩にかけたカバンをじゃまにしながら、手当たりしだいとっては口に入れる。地面に近いところの実ほど黒くて甘いのだが、雨のときにはね上がった土がついている。いちいち洗ってなんかいられない。ジャリジャリするのがおもしろくない。ときには吐き出す。

めいめい自分の好きなところで存分に食べると、道へ出てくる。桑の実は禁断の木の実だった。学校でもうちでも、食べてはいけない、とうるさいくらい言われていた。腹をこわすというのだ。しかし、われわれは桑の実を食べたくらいで下痢するようなヤワな腹でどうするか、と内心、大人たちのことばを軽べつした。千葉の小学生が先生の指導のもとに喜々として桑の実を食べているテレビを見て、五十年昔のわれわれの信念が正当であったことを知る。

食べてしまうと、こども心にも不安がしのびよってくる。口をぬぐって知らん顔をして帰るというわけにはいかないのである。ブドウよりももっと濃い紫色で口のまわりから歯まで染まってしまう。お互いに、歯を見合って、青い、青い、と言いながら、小川へ行く。口をすすいだぐらいでは落ちてくれない。草の葉でこすったり、かんしゃくをおこしたこどもは泥をつけて歯をみがいたりする。

そうこうしているうちに、日も西にかたむいてあたりがうす暗くなる。これならもうわからないだろうと帰途につく。そのころの田舎の家では二十ワットくらいの裸電球の下で晩のごはんを食べた。うつむき加減にしていれば歯の色なんかよく見えない。ただ、あくる日、学校へ行くと、先生が歯をみせなさいと検査をするかもしれない。青いとゲンコツをちょうだいする。明日の朝はよく歯をみがこうと思って寝る。

こういうことを全部アメリカ人に話したわけではない。三分の一くらいをたどたどしい英語でボソボソとやる。しょっぱなに、桑と蚕を説明するのに手こずって、なつかしいことを外国語で表現するのが大それた試みであると思い知らされた。

つぎの日の夜、郷里の友人から電話があった。いっしょに小学校へ通った仲である。用件というのが、ながく会っていない同級生が会をしたいと言っている。こちらへ来るついではないか、という浮世離れたものである。

この友人も桑の実で口を青くした一人である。昔話をするのも悪くない。いついつなら行かれると返事して、いまからたのしみにしている。

幅の昨今

人間の幅をつけるには、ひと色に固執してはいけない。

三河に生まれて、三河で育った。

小学校の修学旅行で伊勢へ行った。いまとは違って、ほとんど全員、汽車というものを見たことがないこどもたち。何から何まで珍しいことずくめである。

中でも、強烈だったのは、変な色の味噌汁があるという発見である。

旅館で出された味噌汁が異様な色をしている。われわれは生まれてから、三河の赤味噌しか口にしたことがない。お椀の中の泥水のようなものが味噌汁とはとても思えない。一口すってみると、妙にしょっぱい。こんなもの、たべられるか。口々に不平をならした。

世の中は広いのだ、ということを身をもって知った。これだけでも、修学旅行の実はあがったと言ってよい。それから半世紀近く、いつも味噌汁に神経をとがらしている。妙なのがあると、サッと身構える。

東京へ出てきてみると、これが伊勢と同じ色の味噌である。その昔、三河から出てきた人でできた江戸、三河屋の屋号も多いのに、これはまた、どうしたことかと、はなはだ不満であった。

あんな味噌汁をうまいと言っている人間の気が知れぬ。ひそかにそう思っていた。ところが、いまから二十年ほど前、北海道の味噌屋さんが、東京で味噌汁をこしらえて、たべさせた（味噌汁は飲むのか、吸うのか、食べるのか、はっきりしない）。ネギだけ入っていたそのおみおつけが、目がさめるほどおいしかった。年来の思いが偏見であることを思い知らされた。

人間の幅をつけるには、ひと色の味噌に固執していてはいけない。いろいろな味噌と付き合う雅量が必要であろう。勝手に変な理屈をつけていままでの食わずぎらいを宗旨変えして、こだわらずいろいろ口にするようになった。

それでもやはり、本心では、三河の味噌がいいと思っている。心が落ち着く。おふくろの味と言われるが、こどものときに食べなれた味噌汁はその中の最たるものであろう。

手製の味噌の味を自慢するところから、手前味噌ということばが生まれたらしいが、だれしも、手前味噌がいちばんだと思っているにきまっている。信州味噌で育った人は、何だあのどす黒い八丁味噌、見ただけでゾッとすると言うだろう。

デパートへ行くと、全国の味噌が色とりどり並んでいる。この狭い日本によくもこれだけあるものだと感心する。それが別にケンカもしないで共存しているところはまことにめでたい。世界平和のお手本になる。

おみおつけは、みで味が変わるところがうれしい。春は、キヌサヤにとどめをさす。秋は里いも、薄く切る。ヌメリになめことは違った風味がある。夏はとうがんが合う。八丁味噌ととてもよく合う。淡泊さが何とも言えない。冬は大根。ただし、切り方によって味が変わることを心得ておく必要がある。

年中いいのが、とうふと油揚げ。わたしの田舎では、法事のおよばれの味噌汁はかならずとうふと油揚げがみであった。天下一品である。こう書いていても生つばが出るくらい。分量をうんとたくさんつくらぬとああいううまさは出ないのだろう。それを承知で、うちでもときどき試みる。

若いときは、うんと濃い味噌汁でないと頼りないような気がしたが、いつのまにか好みが変わって、このごろは、ずいぶん薄口のものがうまいように思う。減塩ということがやかましく言われているが、こうして別に苦労しないで、減塩ができている。「七十ニシテ心ノ欲スル所ニ従エドモ、矩ヲ踰エズ」。孔子さまはそうおっしゃった。味噌汁に関する限り、わたくしは聖人の域に達したらしい。すこしばかり寂しくないこともない。

美味の昨今

ハッと思うほどおいしいもので、気分がいっぺんに変わるのを全身で味わうべし。

お茶をのもうとなると喫茶店でコーヒーをのむ。入った店で日本茶をくれなどと言ったらつまみ出されるだろう。喫茶とはお茶をのむこと、お茶は日本人には緑茶であるはず、それが喫茶店でのめないのはおかしい。もっとも、いまどきそんな理屈に耳をかたむけるものはあるまい。

ホテルの喫茶ならお茶があるが、お茶だけではない。菓子がつく。コーヒーや紅茶だとケーキなしでいいのに、なぜ、お茶だけではいけないのか。わけがわからない。茶の湯には菓子がつきものだから、というわけではなさそうだ。お茶はタダのものとなっていて、菓子でもつけなくてはお代をいただけないからであろう。

よそへ行って待たされていると、お茶が出るが、気に入らない。このごろ茶托というものが消えたらしい。飲食店でもそうだが、茶わんをワシづかみにして出す。興ざめる。口をつける気がしない。昔の潔癖家はかまわず床に茶をこぼし茶わんのふちを消毒（?）したものだが、いまの人は平気ですする。中に入っている液体はと見ると、緑茶ではない。黄茶に見える。

日ごろこういうお茶に付き合わされていれば、お金を払ってまでのもうというもの好きはなくなる道理だ。しかし、ときどき、外でお茶がのみたくなる。菓子つきでなく、おいしいお茶だけのませる〝純〟喫茶店がほしい。お茶屋さん、どうですか、ひとつ、やってみませんか。

外でのめないから、うちでのむ。問題は茶の葉である。うまいのは値が張る。とくに新茶は目がとび出すほど高い。手が出ないだろうと同情するのか、あちこちの知友から毎年、新茶を頂戴する。着くとすぐいれて、香りを満喫してから礼状を書く。新茶の泣きどころはいのちの短いこと。カンをあけたらさっさとのんでしまわないとせっかくの香りがうせてしまう。大切に夏までとっておけばただのお茶になってしまう。始末の悪いのが新茶である。

長年そう思っていたところ、静岡でお茶の農家の人から耳よりな話をきいた。すぐのまない新茶は冷凍する。こうしておけばいつまでも新茶そっくりの状態で保存できる、というのである。うちでもさっそくそうしている。それで年中、新茶を味わえる。寒いときの〝新〟茶は格別だ。

お茶の味は湯のみによって微妙に違ってくる。いい加減なものは使いたくないが、気に入ったものが案外すくない。先日もある人にいい湯のみを贈ろうと思い、あちこちさがしたが見当たらない。東京中のデパートを歩きまわってとうとうあきらめた。自分で使っているのはどうかというと、これは逸品である。昨年の夏、三重でもらってきたものだが、すっかり気に入って朝夕、愛用している。無銘で長いこと知らなかったが、川喜田半泥子作である。

熱いお茶を注いで、湯のみを両手でつつむ。立ちのぼる湯気をながめながら、口にふくむ。ときどきハッと思うほどおいしいことがある。そうすると気分がいっぺんに変わるのを全身で感じることができる。

Ⅲ

話題は遠い人を選ぶ

頭数のヒント

歴史をつくるのは数だ、を疑え。

ひるの食事をしようと思いレストランに入った。こんでいる時間ははずしてもう一時をまわっている。案の定、中はすいていて、ゆっくりできそうだ。ほとんどのテーブルがあいているが、四人のテーブルをひとり占めにしようとは思わない。二人席のテーブルの並んでいる方へ行こうとすると、黒い服のボーイがいつのまにかやってきて、きく。おひとりですか。そんなこと見ればわかるだろうに、と思いかけて、連れがあとからおくれてくる、あるいは待ち合わせということもあるかもしれない。そうだ、と答える。するとボーイが、では、こちらのカウンターでお願いします、と言った。〝では〟というのが気に入らない。どこかぞんざいな扱いのように思われる。

入り口からは見えなかったが、細長い板がのびていて椅子がいくつかある。そのひとつに、中年の紳士がおもしろくなさそうにものを食べていた。腰をおろすと、殺風景な壁とにらめっこするかっこうになる。よほど飛び出してしまおうかと考えたが、こういうときは気合のようなもので、一呼吸おくれるだけでもうまくいかなくなる。なんとなくその勇気に欠けて腰をおろしてしまった。

しばらくすると、どこかの二人連れが入ってきた。ボーイは張りのある声で、いらっしゃいませ、こちらへどうぞ、と案内した。横目で見ていると、いちばんまん中の四人テーブルである。なんたる違いか。むしゃくしゃして食べたからか、ろくに味もわからずにそそくさと食べそそくさと出てきた。

若い友人たちにその話をしたところ、そのうちのひとりが、ひとりはつらい、と言う。彼はときどきひとり旅に出るが、いつも宿に苦労する。電話で予約をする。はじめは愛想よく受けた声がひとりとわかると急に声をおとして、あいにくふさがっている、と断るのだそうだ。ことしも大型連休とやらも終わったし、もうすいているからひとり客でも泊まれるだろうと思って出かけることにしたが、それでも歓迎されなかったという。ひとりではトラブルが起こりやすいということもあるが、商売として引き合わないから敬遠するというのが本当のところだろう。ひとりはあわれですよ、と彼はまた言った。

別の友人は、喫茶店でよくひどい目に遭うという話をした。ひとりコーヒーを飲んでいると、どやどやとグループの客が入ってくる。テーブルはどこもあいていないから出ていくだろうと思っていると、ウエートレスがやってきて、すみませんが、あちらへ移ってくださいませんか、と命令する。移動先は相席である。引っ越したコーヒーがうまいわけがない。彼はこれを喫茶店の地上げだと言っているそうだ。さらにおもしろくないのは先客を追い払った連中が、恐縮するどころか、涼しい顔。だれひとりとしてすみません、とも言わない。やはり、ひとりはあわれですよ。

そのかわり、こちらが大勢のときは、数がものを言う。こんなに人数がいては、お茶を飲むのもままなるまい。席がなければ、あきらめよう、とひとりが店内をのぞく。九人いるのだが、というと、店員が席をおつくりします、どうぞ、と言う。だめだろうと外で待っている仲間へ合図がいく。みんなぞろぞろ入る。何人かの先客が移動させられたあとのテーブルをよせて席をこしらえてくれる。いかにも数をたのんで横暴をはたらいているようで気がひけるから、移ってくれた客にはよくよくおわびをする。それだけに、人をどかせておいて知らん顔をしている人がにくい。

ある歴史家が、歴史をつくるのは数だ、と言った。客商売も数か。ひとりはあわれ。

清談のヒント

さしさわりのない、それでいて頭を快く刺激するような話をするには、いくらか遠い人の話題がのぞましい。

気のおけない人と食事をしながらの閑談ほどたのしいことはない。あるところへそう書いたら、未知の人から、気のおけない人などと話して愉快なわけがない。気のおける人の誤りだろうというはがきをもらい、目を白黒させたことがある。

会ってたのしいのは用のない人でないといけない。五人、十人と人数が多くては気が散る。うちへやってこられても困る。外で会うのが気楽である。手軽に喫茶店でコーヒーを飲みながらの茶話も悪くないが、ねばってもせいぜい三十分である。

やはり食事がしたい。昼はこのごろどこも混んでいる。ひょっとすると、おあとの客がこちらをにらんでいたりする。そんなところでは浮世離れた空談どころではない。どうしても晩餐ということになるのだが、これも週末は客が多くて落ち着かない。ひまそうな週の頭の日を選ぶ。どうでもいい食事をするのだから、なにかと苦労があっても、それはしかたがない。

ホテルは足場はいいし、サービスも行き届いているが、すこし寒々しい。ときになんとなく事務的な感じすらする。もっとくつろいだ雰囲気でないといけない。それにちょくちょく行くには値段が張る。

そう言っては悪いが、とくにうまいものが食べたいのではない。食事はむしろ二の次、それを伴奏にして話をするのがねらいである。話のおもしろくない会食など価値がないではないか。食事をしたらスピーチがあるというのが欧米の習慣だし、シンポジウムも、もとは食後酒を汲みかわしながら興じた談論だという。食事と談話は切っても切れないもの。どちらかと言えば、話が花で、料理は団子である。食べものに不自由していると、花はそっちのけにして団子にとびつく。

ことしの秋口、友人につれていかれた店がひどく気に入った。駅から歩いて数分のレストランは、テーブルが六つしかなく、うち三つは二人用で、ごく小ぢんまりしている。もちろん料理は気がきいておいしい。すぐそのあと、こちらが主人になって別の知り合いを招いてみたが成功であった。時のたつのを忘れて話しこんだ。ありがたいことに、値段も勉強している。

味をしめて、人と食事をするならここに限ると思ったから、それから毎週のようにひとを案内している。もっともお客はだれでもよいというわけではない。人によっては食べたものがまずくなってしまう。仕事などで近い人だと、ついゴシップめいた話になりやすい。

さしさわりのない、それでいて頭を快く刺激するような話ができるには、いくらか遠い人がのぞましい。

その昔、スコットランドのエディンバラに月光会（ルーナー・ソサエティ）というグループがあった。さまざまな専門をもった十名ほどの人たちが、月一度、満月の夜に会食、談論風発にときを忘れた。そこからすばらしい発見、発明がいくつも生まれたのが史上はなはだ有名である。

われわれ凡人には、にわかにそのひそみにならうことはできないが、食事をしながらのたのしい語らいには特別なものがあるということには、いささか身に覚えがある。なるべくしばしばそれを味わいたい。

いい店ができたから、もうこれまでのように場所を選ぶのに心をわずらわすことはない。店にもなれてきて、こちらはすっかりくつろげるようになった。それで週に一度、相手を変えて、快食清談の機会をつくることにし、だいぶ先まで予定を立てた。

料理のヒント

作るだけでは完了しない。食べておいしかったと言う人があって、はじめて料理になる。

「ドゥ　ユー　ライク　クッキング?」(料理はお好きですか)

テーブルについて会食しているとき、イギリスからきた紳士が向こう隣りの日本の淑女にきいている。レディーは好きだと答えたらしいが、小さな声でよくきこえなかった。すると紳士はつづけて言った。

「クッキング　イズ　ベリ　クリエイティヴ　イズント　イット」(料理って、とても創造的ですよね)

わきできいていて、その〝クリエイティヴ〟(創造的)というのが気に入った。しゃれたことを言うものだ。なるほど、なるほど。日ごろ男が料理に手を出すのをなんとなく気はずかしく思っていたけれども、創作だとなれば、遠慮にはおよばないではないか。

もともと料理の出来るのを見るのは好きである。こどものとき、母が台所にいると、くっついて、あかずながめたのが始まりである。ながらく忘れていたその楽しみをよみがえらせたのはテレビである。カラーテレビになってからは、料理番組を見るのが趣味のようになった。ファンの料理家が何人もいる。人に向かっては、目で食べている、などと言ったりするけれども、ありようは、その美しさに不思議な快感を味わうのである。とくに食べたいとは思わないようなものでも、出来るのを見ていると、つい陶然とするほどおもしろい。芸術作品が生まれるのを目のあたりに見るような気がする。

ときには自分で作っているような錯覚におちいるのか、思わず手に力が入ったりして、苦笑することもある。スポーツの練習でイメージ・トレーニングというのがある。すぐれた選手のフォームを見ていると、それだけで上達する。いつもテレビで名手の料理を見て、たっぷりイメージ・トレーニングを受けているのだから、実際に手は下さなくとも、うまくなっているに違いない、と勝手に自負した。もっとも、眼高手低ということもある。やってみると、からきしダメかもしれないし、へたに手を出さない方がいい。男子厨房に入るべからず、ともいう。そう思って、むずむずするのをおさえた。

それがイギリス紳士のことばに刺激されて、やってみるか、やってみようという気になった。わが作風は豪快である。しょう油大さじ三ばい、酒大さじ二分の一、などというような小うるさいことは無視する。すべてインスピレーションの目分量でいく。塩だって、砂糖だって、パッパッと投げ入れである。さて仕上げはいかが、というのがたのしい。創作である。

自分で作ってみてはじめて、料理には食べてくれる人がいかに大切であるかということがわかった。作るだけでは完了しないのである。食べておいしかったと言う人があって、はじめて料理になる。芸術が作者と作品だけでは成立しなくて、鑑賞者、批評家を必要とするのと同じである。

レストランなどで食事をしたあと、うまかった、よかった、とコックをほめる人がいる。こちらは気が小さく気はずかしくて言いそびれているが、どんなに料理人のはげみになるかしれない、とそう思うようになった。これまでなにを食べてもしらぬ顔をしていたが、つとめてことばをかけるようにしなくてはいけない、と考える。創作は鑑賞されるためにある。創造的な料理も鑑賞の対象である。

わが創作料理は、いまのところ身近な批評家たちからはおおむね好評で、この分なら腕前はまだまだ上がりそうである。

常用のヒント

日常使用するものほど、りっぱな器にすべきである。

「ここで広げてもいいもんでしょうかな」

鈴村さんは手にさげている袋に目をやりながら、ためらいがちにきいた。みやげを見せようというらしい。われわれはホテルのラウンジでお茶をのんでいたのである。

鈴村正弘さんは長い間、岡崎市の教育長をされた、令名の高い教育家である。郷里ではときどきお目にかかり、親しくしているが、東京でお会いするのは、これがはじめてだ。

先年、鈴村さんから焼きものを作っているという話をきいた。何を作られるのかとうかがうと、茶碗だが、お茶のではなく、ご飯茶碗、一本槍だといわれるから、興味をもって、そのうちひとつこしらえてくださいとねだった。

かつて私もちょっと焼きものに手を出したことがある。ロクなものも出来ないのに、友だちから、ジョッキを作れ、湯呑みがほしいと言われると、いい気になって請け合う。いざ作ろうとするとうまくいかない。それでいつまでたっても約束が果たせなくなる。やがて焼きものから遠ざかってしまったから、借りは永久に残ってしまった。

そういう苦い思いがある。こちらとは違って鈴村さんはそんなことはあるまいが、そのうち、はなかなかこない。つい失礼な想像をしながら、催促がましいことは控えていた。

箱から出てきたのは、そのご飯茶碗だった。全部で六口《こう》ある。小ぶりだから、テーブルの上にずらっと並ぶ。思わず息をのむ。とても趣味の作とは思えない。鈞窯《きんよう》という中国の焼き方だそうである。あとで調べたところによると、鈞窯とは中国河南省禹県にあった窯のことで、その土地が昔、鈞州といわれたところからこの名があり、乳青色のうわぐすりを厚くかけた青磁を産した、うんぬん。

いただいた六口のうち四口は古代紫と京紫の中間の深い色の生地に乳青色がかかっており、二口はホライズンブルーの地に藤紫の刷毛目がついている。

陶器の専門家は茶道の茶碗か、さもなければ花瓶のようなものばかり作る。ご飯茶碗では高い値がつかないから見向きもしない。それに毎日使っているとどうしても破《わ》れる。高い飯茶碗がないわけである。

一山いくらといった安もので間に合わせるが、本当は日常使用するものほどりっぱな器にすべきである、という考えの鈴村さんは、これまでなかったご飯茶碗の陶芸を始めて十数年になる。いいものが出来るわけだ。

いただいた六口はどれもごく小ぶりである。普通の半分くらいしかない。鈴村さんは、年をとったら、これくらいのがいい。これで一膳にとどめておくべきだ、と言われたのか、これならお代わりをしてもよい、と言われたのか、よく聞きとれなかった。これで一膳きりでは、仏壇におそなえするご飯みたいである。まだ仏になるにはすこし早い。そう考えて二杯ずつ食べる。これまでは普通の大きさの茶碗で、ひるはお代わりをしていたのだから、それに比べて、ずいぶん健康的になったものである。

自分まで名入りの茶碗をもらった家人はひどく喜んだが、これは家宝にする。へたをして破れたりしたらたいへん、と言ったかと思うと、また包んでどこかへしまい込んでしまった。私の方は、りっぱな料亭でもこんな茶碗はない、などといいながら、銘茶碗でご飯を食べる。おかげで、家のものは洗うのがこわいと言う。

世話のヒント

手のかかる子ほどかわいい。

マタタビに手を焼いている。

前に浅草の植木市で、グミとキンカンを買ってきた。それで味をしめたわけではないが、また市へ出かけた。

そこでたまたまマタタビを見つけたのである。音にはきけども、実物を見るのははじめて。ネコの大好物というのも魔性を感じさせておもしろい。ついふらふらと、買ってしまった。それにしてはいい値である。

もって帰ると、家のものが難色をあらわにした。そうでなくてもうちの小庭は近所のネコの遊び場で、草花を荒らして困る。マタタビなどがあらわれたら、どうなることか。しかたがない。学校の研究室へ移すことにしよう。四階である。いくら木のぼりのうまいネコでもここまではこられまい。おかげで毎日、学校へ行って水をやらなくてはならなくなった。

研究室へもって行って一週間くらいしたとき、三日ほど東京をあける用ができた。鉢にたっぷり水をやって出かけた。帰ってきてみると、葉が全部しおれかえってしまっている。これはたいへん。水を吹きかけてやったり、根に水をかけたり、大騒ぎして、やっと一命はとりとめたものの、しばらくすると葉の一部が黄色になった。

これにこりたから、小さなポリバケツの底に水を入れ、その中へ鉢をすえ、古い布をより合わせたものを鉢の底から水面へたらした。こうしておけば三日くらいなら脱水状態にならなくてすむ。

あるところへマタタビのことを書いたら、東京営林局の「みどり」という広報紙を送ってもらった。それによってマタタビの名の由来を知ることができた。

「昔、旅人が山道で疲れはてて動けなくなったとき、ふと傍らの蔓に小さな実がついているのに気づき、これを食べてみたところ、たちまち元気がでて、また旅が続けられたというところから、〝又旅〟と呼ばれるようになったという説があります」（藤田泰氏）

その後、偶然、百科事典をひいてみて、おどろいた。マタタビは「雌雄異株」だと、はっきり書かれているではないか。そんなこととは知らないものだから、こうして丹精していれば、やがては、実をつけてくれるものとばかり思いこんでいたが、雌雄異株ではそうはいかない。一本だけでは話にならないにきまっている。

浅草の植木市ではそんなことはおくびにも出さなかったから、いい気になって買ってきたが、ずいぶんかわいそうなことをするものだ。カップルで売るべきであろう。

わがマタタビは目下独身である。

しかも、これが男性なのか女性なのかすらも、わからない。結婚させてやりたくとも、相手のさがしようもないではないか。

まわりにマタタビのことを知る人もいない。マタタビというとたいていあきれた顔をする。あるネコ好きの人から、枝を一本くれませんか、わが家のネコのおもちゃにしますと申し込まれた。うっかりすると、ネコよりも頭の黒いのにやられてしまう。

また、ある人は、ネコがマタタビを食べたとたんに、腰が抜けたようにおかしな歩き方をし出したのを見たことがあると教えてくれた。それならそれでおもしろそうだが、何分にも独身ではしかたがない。

山に自生しているものらしい。それを都会へもってきたのが自然に反していていけないのかとも思う。山なら独身をかこつなんていうことはありえまい。

手のかかる子ほどかわいいという。わがマタタビに対しても日ましに愛着の情がつのってくるようだ。

継続のヒント

ふだん着で通すべし。

毎朝、ラジオ体操をする。うちではなく近くの公園へ行く。

これまでラジオ体操などしようと思ったことは一度もなかった。こどものころ、夏休みに義務のようにさせられたこともあり、なんとなくうっとうしく感じていた。それが偶然のきっかけで始めることになったのである。

年来、散歩に親しんでいる。いちばんいいのは夜ときめて、おそくなってから、かなり長い時間かけて歩く。知らぬ人が、夜？　とけげんな顔をするけれども、夜歩きはすばらしい。気が変わって朝の散歩を試みたこともあるが、どうもさわやかとはいかない。なんとなくせわしなく、帰ると眠気を催したりして、じきにやめてしまった。

この夏の暑さが続いていたころ、寝苦しくて早く目がさめることがよくあった。ある朝、ちょっと外をぶらついてみようか、と思ってうちの近くを歩いた。すると、人通りのない道を軽装で歩いて行く人に何人も出会う。方向がみな同じである。すぐ、公園へ行くのだ、ラジオ体操だ、という見当がつく。それならついでにのぞいてみようか、という気になった。

少し離れたところまで、スピーカーからラジオの声がする。公園の広場へ着いてみると、

七、八十人くらいが、始まるのを待って思い思いの姿勢をとっている。仲間に入れてもらい、何十年ぶりのラジオ体操をした。それが始まりで、あくる日からは、日課の中へくり入れることにする。

初めのうちは知らなかったが、ここにはラジオ体操の会ができていて、会費を払うと会員になれるそうである。つい先日も、体操の終わったところで、いついつバス旅行をするから、希望者は〝役員〟まで申し込むように、と会長らしい人が呼びかけた。

集まってくるのは大半が年をとっている。しかし、みんな白いシャツ、白いトレパン、白い靴となかなかおしゃれで、野暮なかっこうのわが身がすこし恥ずかしいけれども、面倒だから、ふだん着で通している。

体操が終わると、人びとは三三五五、さっと散ってたちまち広場はからっぽになる。すると一角にたくさんのハトが集まってくる。そこへ大きな袋を持ったおじさんが現れる。ハトはおじさんを待っていたのである。この人は体操はしないで、終わるのを見はからって出てくる。なにやらハトにことばをかけてから、袋のエサをつかみ出す。豆ではない。パン屑であろうか。重なりあうようにしてハトはそれをついばむ。エサをまき終わると、おじさんは詩吟をうなり始める。よく聞きとれないが、どうも毎朝、違うのを吟じているようだ。ハトは朝食のごちそうになった義理があるのか、まだエサの食べ残しがあるから か、いかにも詩吟を拝聴しているように見える。

おじさんとハトをしばらく遠くでながめてから、こちらは歩き出す。こんもりした木立の向こうに野球のできるグラウンドがあって、体操をすませたあとの何人かが歩いている。中の一人か二人は逆歩き、つまり後ろ向きに歩いている。運動効果が大きい、といわれるが、こういう所でもなければ、危くてとてもするわけにいかないだろう。

それを横目に、こちらは公園をめぐる並木道を二周、三周する。ひとまわりすると約千歩である。ジョギングをする人も何人かいる。その一人は、そんなに痩せているのになぜ走るのだろうと思う若い女の人である。彼女は反対まわりに走るから何度もすれ違う。

三十分くらい歩いて帰る。朝食のトーストが実にうまい。

応対のヒント

老店員は、年寄りの客にはもってこいだ。こういうところに中高齢者の働き場があるのだ。

寒いとき裸同然の男を見て、ぬくぬくと外套にくるまった紳士が、「よく、それで寒くないものだね」と言うと、「だんなだって、顔は吹きざらしだ。こちとら、体じゅうが顔みたいなもんで」とやりかえされた、という話が、モンテーニュの『随想録』にある。ヨーロッパのことばでは顔と頭とがわかれていなくて、首から上の部分はすべて頭となる。「顔は吹きざらしだ」は当然、頭も吹きざらし、ということだが、頭には毛がはえているけれども、顔はそれがない。その顔でさえむき出しにしているのなら、毛のある頭をそのままにしていておかしくないはずだが、昔の人は帽子をかぶった。

いまは帽子をかぶる人はすくない。かぶれば目立つ。寒いときの帽子は下着一枚違うという。寒冷地の人の写真を見るとみんなかぶっている。暑いときもかぶれば逆に暑さをずいぶんやわらげる。しかし、飾りのように考える人が多く、そういう装飾はいらないと感じて、無帽で歩きまわる。暑い日中、女の人がパラソルをさして歩いているのは見た目も涼し気である。男だってさしてわるいことはないが、さすものはない。暑くてたまらない。帽子をかぶって歩こうと思う。といったところで、もっているのは、何というのか知らないが、布製の登山帽である。ぬいだら、丸めてカバンの中へつっこめるのが便利である。

しかし、これでよそを訪問するわけにはいかない。

夏のはじめのある日がひどく暑い。たまたま地方へ行きあちこち歩いたが、直射日光がたえがたかった。案内した土地の人はヘルメット風のものをかぶって涼しい顔をしている。さすがに気がさしたのか、「こんどお出でのときは帽子をかぶっていらっしゃいますように」などという。

別に気にもとめないで帰ってきたが、暑い日には、さきのひとことが思い出されるのである。いくらなんでも登山帽ではまずい。冬帽ならイタリア製の逸品、イギリス製のしゃれたものがあるが、夏帽がない。しかし、まだ買うことまでは考えなかった。ほかの買いものがあってデパートへ行ったついでに、ふと帽子のことが頭に浮かび、売場へ行ってみる。ひやかしのつもりであった。半白の紳士がひとり立っている。客とばかり思っていると、歩み寄ってきた。なんと店員だったのである。しかし、なにも言わずにすこしはなれたところに控えている。なんとも好ましい感じである。つい相談してみようという気になって、ことばをかける。すると、手頃なのをさして、これがよろしいのでは、と言う。すぐ気に入って買うことにした。

いつからデパートにこういう年配の店員があらわれたのかわからない。帽子など買う客に若者はいない。ピチピチした女店員などに相手されたら買気もひっこむだろう。老店員とはうまいことを考えた。年寄りの客にはもってこいだ。こういうところに中高齢者の働き場があるのだとわけもなく感心する。

そのうちまた、つぎは帽子をかぶってこいといった人のところへ行くことになるだろう。この帽子をかぶっていったら、ヘルメットさんがなんと言うか、たのしみである。しかし、東京の中ではかぶって歩くのはいくらか緊張がある。頭のうすい人までが炎天に頭をさらしているが、かぶると涼しいとちょっと耳うちしてあげたいような気もするけれども、向こうから妙な目つきで見られると、すくんでしまう。

あつらえのヒント

自分に合ったステッキでなくてはいけないとすると、
既製品ではだめかもしれない。

年来、夜の散歩が日課である。

向こうから、まなじりをつりあげているのではあるまいかと思わせる人影が近づいてくる。両腕をはげしく前後にふって、さながら競歩である。近づいてみたら若い女性だった。そういうことがときどきある。申し合わせたように大手をふって歩く。歩くのが健康によいというので始めたのだろうが、いくらか浅ましい感じがする。もっとたのしく、美しく歩かなくては、だいいち、永続きもしまい。

とはいうものの、こちらにだって偉そうな口をきく資格があるわけではなく、ただ歩いているだけのことである。

散歩するのにものをもつのはよろしくない。それはわかっているけれども、手ぶらというのが手もちぶさたで手が寂しい。たまたま、雨になるかもしれない晩は傘をもって出る。ステッキがわりにするとたいへん調子がいい。つよそうな犬をつれた人がきても、いざというときには自衛の手があるという安心感を与えてくれる。

どこの道路もそうだが、昼、歩くようにつくられているのだろう。あるいは、うっかりしている人間に緊張を与え、脚下照顧を教えようとしているのかもしれない。思いもかけないところに段差がある。平らであるべき路面にコブが出来ていて、ぼんやりしていなくても、つっかかってつまずく。そんなときも手もとに傘があれば支えになる。あやしいところはあらかじめつついてたしかめられる。

いくらなんでも星空、月夜に傘をもち歩くのは気がひける。それでステッキを考えた。かつてついていたこともあったが、何となく人目につくようだから、ほったらかしにしたのがある。ひっぱり出してみると、三本で、一本はイギリス製。にぎりのところを開くと皮がひろがって即席の椅子になる。英国紳士はこれによりかかってクリケット観戦としゃれるのだろうか。持ち重りがして、散歩のおともは無理である。あとの二本はきずだらけ。夜だからかまわないというわけにはいかないシロモノで、人目はいとわないとしても、自分の気がひける。

ここはひとつ新調せずばなるまい。そう考えてデパートへ行く。ステッキ売場をきくと店員がききかえした。そんなところはないのである。それでも教えられたところへ行ってみると、おざなりに、何種類かが置いてある。どれも気に入らない。もうひとつほかのデパートへ入ったが、そこも同じようなものだ。その日はあきらめて帰る。

別の日、勇気を出して、もっと大きなデパートへ行ってみる。ここは品揃えは豊富である。思い切っていちばん高価なのを奮発した。それで翌日からは散歩に新しいたのしみが加わる。石突きが路面にふれてコトリコトリと音を立てる。カッカッカッと人払いをするようなハイヒールの音とはまるで趣が違ってかわいい。当座は、帰ると、布でふいてほこりを落すほど大事にしていたが、やがて面倒になって、玄関にほうり出すようになった。

そうして珍しさが消えかけたころのある日、ステッキ作りの名人という人の話を読んだ。これでステッキは持つ人の身長によって長さも違わなくてはいけないことをはじめて知った。デパートの店員はもちろんそんなことを教えてくれなかった。知らないのか。

それを読んでにわかに落ち着かなくなった。自分に合ったステッキでなくてはいけないとすると、既製品ではだめかもしれない。いっそのことこの名人をさがし出して、あつらえようか。いまその思案中である。

身嗜みのヒント

旅館に泊まるとき、ゆめゆめ粗末な靴をはいて行くな。

外国の大統領夫人が靴を何千足ももっているというので驚いたことがある。いくら何でも多すぎるからニュースになったのだろう。ヨーロッパのあるやんごとなき貴婦人は、旅行のときには何十足もの靴をもたせて出かけ、一日のうちに何度も何度も、おはき替えになるという話をきいたこともある。

そこにいくと、われわれはあわれだ。靴は一足きり。朝はいて出たのを夜、帰るまで、はき通し、はき替えはおろか、脱ぐこともない。ワイシャツとネクタイは毎日取り替えるのがサラリーマンの美学だといっている人たちにしても、靴にまでは及ばない。今日はいたのを翌日、またその次の日も、とまるでかたきのようにはいて一向に平気である。身の回りのもので靴ほど疲れているものはないかもしれない。

旅行に出るには、いくら何でも、そういうドタ靴ではまずい。道中はともかく、向こうへ着いたら、足もとはすっきりとしていたい。若いときに教わった。旅館に泊まるとき、ゆめゆめ粗末な靴をはいて行くな。下足のおじさんが手にとった靴で客の評定をする。それを案内の声の調子で他のものに伝える。変なのをはいていれば、悪い部屋へ通される、というのである。このごろは日本旅館に泊まることは少ないから、そういうふうに足もとを見られる心配はないけれども、旅行したら脚下照顧（？）するにこしたことはない。ただ、はき替えの靴をもって出るのは困難である。着替えの服を運ぶのは簡単だが、カバンに靴を入れるわけにはいかない。しかたがない。ふだんばきのままで遠出となったりする。

ところで、私は、歩くことを日課にしている。いちばん大切な同伴者は靴であるが、そのために特別な靴があるわけではない。はき慣れたのに限る。足に与える負担もいちばんすくない、と勝手な理屈をつけている。いつごろからか、ウオーキングシューズというのが流行して、ろくに歩きもしないような人までがウオーキング、ウオーキングと言うのをむしろ苦々しく思ってきた。

先日来、道を歩いていて、たて続けにころんだり、ころびかけたりして、どうも、すりへった靴のせいらしいとにらんだ。新調しようと思って行ったデパートで、まず目に入ったのがウオーキングシューズ。ものはためし、足を突っこんでみると、これはしたり、実にいいはき心地である。たちまち、はかず嫌いを返上、買うことに決めた。

これでよし、のはずである。しかし、どうも落ち着かない。ビジネスシューズを買いにきたという気持ちが消えないで残っているためのようだ。ビジネスシューズの棚へ行ってみると、よさそうなのが目移りするくらいある。これと思うのを決めたが、案外、安い。なんだか、得をしたような気がした。

それと同時に、この際もっと上等なのも買ってしまおうという出来心がわいてきて、高級靴も買った。店員は、あとからあとから、すこしずつ高いのを買う妙な客だと思ったに違いない。

靴の箱を三つぶらさげて帰宅したら、家のものが、「まあー」とあきれた声を出した。ひと息入れたところで、約束の会合に出かけた。靴を脱ぐ席だから、新調の高級靴にしようかといったんは考えたが、新しいものを夕方、夜から使い始めるなという年寄りのことばを思い出した。それに、そういうところは、靴を取り替える人がいるから用心した方がいいと分別を新たにした。こうして靴に迷うというのも、なかなか楽しいものである。

趣向のヒント

ひとつ趣を変えようと考え思いついたのが、毛の手袋なり。

手袋が片方、どこかでなくなってしまった。いっそ両方なくなればあきらめがつきやすいのに、片方は残って〝未亡人〟になる。カフスボタンも同じで、とり残されたのが、わんさとあって始末が悪い。捨ててしまえばいいものを、未練がましくとっておくから目ざわりだ。手袋も片方だけの生き残りがごろごろしている。

寒さは寒し。手袋なしではたまらない。新調するほかなかろう。なくしたのと同じようなものを買うのはいまいましい。ひとつ趣を変えてやろうと考えていて、思いついたのが毛の手袋はどうだ、ということである。

ずいぶん長い間、手袋は革と決めていた。毛の手袋は、こどもがひもでつないでもらって肩からぶらさげているのを連想する。女の人もこのごろは革のをはめる。男ではお年寄りにときおり見かける程度。自分で毛の手袋をしてみようと思ったことはついぞなかった。それが、どういう風の吹き回しか、してみたくなった。

革手袋は見た目はいいが、はめている側の勝手を言えば、ありがたくないところがある。革の都合なのだろうか、指がかさかさに乾いてくるのがある。そうかと思うと、逆に、汗ばむようなのもあり、どちらもいい気持ちではない。

革の縫い目がごつごつしているのはいたしかたないにしても、指の伸び曲げが自在にいかず、自分の手がロボットの手みたいに感じられたりする。コインや切符などをつまもうとするとうまくいかなくて、いちいち手袋を外さなくてはならない。はめたり、外したりしているから、落としたり、なくなったりする。毛にするのなら、カシミアにしよう、と思った。ひょっとすると、カシミアのがほしくて、革ではないのにしようと考えたのかもしれない。そうなったら、むしょうにカシミアのがほしくなった。これまで注意したことがなかったから、そもそもカシミアの手袋というものがあるものか、どうか、それがはっきりしない。家のものにきいてみると、それは、あるでしょう、というだけで、はなはだ心もとない。

とにかくデパートへ行けばわかる。行ってみると、カシミアの手袋はいくらでもあった。店員にいちばん高級なのがほしいと言うと、それでは一〇〇パーセントですね、といって、いくつか見せてくれる。そのとき、いつかアメリカの雑誌に、いまカシミアと称しているウールのほとんどがカシミア地方でないところで産するものだ、という記事があったのを思い出した。

この際そんなことはどうでもいい。これよりいい品はないと請け合ったから、それに決める。それにしても、革のに比べると、ずいぶん安い。これなら、またそのうちなくして買い代えるのも気楽である。

はめてみて、たいへん具合がよろしい。小さなものも、はめたままでつかむことができる。それよりも、皮にはない、やわらかい温か味がなんとも快い。なぜもっと早く毛の手袋にしなかったのか、と悔やまれる。

自分では意識したことがなかったが、私はよほどカシミアが好きなのであろう。冬の身の回りのものは、たいていカシミアで持っている。手袋でその総仕上げができた。

翌日の朝、冷え込みが厳しい。カシミアのチョッキをつけ、カシミアのマフラーを巻き、カシミアのコートを着込み、そして新調のカシミアの手袋に身を固め、さっそうと家を出た。会う人ごとに寒い、寒い、というが、こちらは少しも寒くない。

私物のヒント

ペンと妻は他人に貸すな。

ある会合へいったら思いがけず久しぶりに知り合いの編集者に会った。元気そうではないかと言ったら、ケンショウ炎に悩まされているという。手のひらの指のつけ根にうつ何とか注射が「死ぬほど痛い」そうである。この人はなかなかの健筆家だからそういう病気にかかったのだろう。いわばものを書く人間の向こうきずのようなものだと心では思ったが、口に出すのは控えた。

その続きに、こちらはそれほどたくさんものを書くわけではなし、ケンショウ炎はだいじょうぶだろうが、それにしても齢だし手をあまり酷使してはいけない。やはり思い切って買ってしまおうか、などということを考えるともなく考えた。

なんのことかというと万年筆である。思い切ってというほどのことではないが、どうもふん切りがつかないでいた。

まだすこし寒いころのこと。実業家にしてエッセイストという友人に会ってひと晩すごした。なにかメモする用があって書くものをさがしていると彼がさっと万年筆をさし出してくれた。ワインカラーのしゃれたもので、男ものとしてもこの色がおかしいということはない。なにげなく書いてみると実に書きやすい。改めてしげしげとながめる。ドイツ製のPという有名なもので、私も一本もってときどき使っているが、これはそれよりずっと高級品のようだ。下手な字がすこしは見られるような気がする。たちまちほしくなった。

欧米では万年筆はひとに貸さないことになっている。ペンと妻は他人に貸すな、ということばさえあるらしい。われわれと違って万年筆はサイン用に使う。サインが一定していないとまずいのは当然だが、同じ万年筆でしていればいつだって同じようなサインができる。うっかり他人に貸して妙なくせでもつけられてはたいへんだ、というところから貸さないことになったものと想像される。そこへいくと、われわれのところはのんきなものだ。差し出された書類にちょっとサインするときでも、気のきいた相手なら自分の万年筆やボールペンを添えて、どうぞ、と言ってくれる。

書きなれないひとの万年筆の書きいいわけがない。そのはずだが、意地悪く、しばしば書きやすくてほれぼれする。そういう経験を何度かして、トナリの花は赤い、というが、他人のペンはよく見える、のではないかと思うようになった。

知人と同じ型のP万年筆がほしくなった。大きな文房具店とかデパートへいったついでにショーケースをのぞく。同じものがある。なかなかの値段だが、手が出ないというほどでもない。それならすぐ買ってしまえばいいものをぐずぐずして、もう何カ月もふん切りがつかない。われながらじれったい。

ひとつには、いま手もとに使い切れない数の現役万年筆があるからだ。茶の間で手紙など書くのに用いているフランスのW。

原稿を書くのに使うドイツの太書き用のMが二本。知人のもっているのと同じブランドのP。それにスイスのC、アメリカ製のSもある。どれもインクが入っていつでも出動できるようになっている。三日も四日も手にふれないのがある。そこへもってきてまた新入りができては、失業するのがふえて、かわいそうだ。

それはそうだが、あの書きやすさをわがものにしたい気持ちはある。それどころか日がたつにつれてむしろつよくなってきたくらいである。そこへたまたまケンショウ炎の話をきいた。手をかばってやらなくてはいけない。ケチケチしないでひと思いに買ってしまえ。腹の虫が心の中でそう叫んでいる。この休み中にゆっくり吟味して買うことにしようとようやく決心した。店頭でよく試筆してみないと本当に気に入ったものは選べないが、店員の前でじっくり書き比べる度胸がなくて、失敗したことが何度もある。

手習いのヒント

年寄りの碁習いは、頭の体操としてすばらしいものである。

一手ずつ交互に打つ
相手の石を囲めば取れる
地の多いほうが勝ち
打ってはいけない所（禁じ手）がある
コウというルールがある
「むずかしい、といわれる囲碁ですが、ルールはこの五つだけ。これさえのみこんでおけば、碁は打てるようになれます」

目の前の石倉昇八段がそう言われる。目からウロコの落ちる思いであった。

周りに碁好きが何人もいて、かねておもしろいらしいことはよく知っていた。昔から「碁打ち、親の死に目に会わぬ」ということわざがあるくらい、夢中になりやすい。魅力はあるが、定石などを覚えなくてはならないから、厄介である。怠けものの近づくことではないと自戒、かつて打ってみようと思ったことがない。

勝負というのも、気のすすまなかった、もうひとつの理由である。われ人と争わず、をひそかに信条としている。たとえ盤上の戯であっても、勝った、負けた、と目の色を変えるのはあさましいような気がする。すすめられたこともあるが、そのつど、柄にあらず、といって動かなかった。

そんな人間だけれども、あるいは、それだからこそかもしれないが、なんとか碁を打たせたいと考える友人がいる。めったなことでは始めないとにらんで、奇襲作戦に出た。まったくの初心者だけ数人を見つけてきて、石倉先生から直直の手ほどきを受ける席を準備した。そして、こちらの意向をたしかめることもなく、そのメンバーに入れたのである。

石のもち方も知らないズブの素人でも、高段者の個人指導がいかにもったいないものであるか、くらいはわかる。めったにない機会だからと友人は熱心にすすめる。もう、こうなっては、いやだ、とは言えない。観念するといってはなんだが、とにかく一度は付き合ってみるか、という気になった。

ホテル最上階のクラブで指導を受ける。その冒頭で、これだけしかないという五つのルールを教わったのである。そして、すぐ実際に石をならべる。まるで勝手はわからないながらも、新しい世界へ足をふみ入れるスリルのようなものは感じられる。

先生が相手をしてくださる。もちろん石を置いての置碁であるけれども、先生の負けとなる。とても本当のような気がしない。相撲の新弟子の初稽古のとき、兄弟子は決して投げ飛ばしたりしない。わざと負けてやり、なかなか筋がいい、などと励ます。そうしないと自信を失い、やめて帰ってしまうそうだ。ビギナーズ・ラックが必要なのである。そのことがふと頭をかすめる。しかし、置碁はハンディ戦であって、八百長でわざと負けるのとはわけが違う。とにかく、勝てるというのはうれしいものだ。勝った、負けた、がいやで碁を敬遠していたようなことを言うくせに、勝つのは悪くないからおもしろい。

いい年どころか、よすぎるほどの年をして、いまさら奥の深い囲碁など始めてどうする気か。さすがに面と向かって、そう言われはしないけれども、そう思っているに違いないのは何人もいる。

しかし、他人の思惑など、いまとなっては気にしていられない。年寄りの碁習いは、頭の体操としてすばらしいものである、という理屈を自分のために考えてある。

上達して困ることはないが、しなくても平気である。勝てなくてもかまわないが、勝てば勝ったで、張り合いになる。

Ⅳ

雑念を愛する

定年考

やめた人間は後ろをふりかえりたい気持ちと長い間いたところから離れた悲哀とが半々である。知らぬ顔をしていいてくれるのがいちばんありがたい。

「定年なんか、どうしてあるんだろう、まだこんなに元気なのにー」

日ごろたいへん温厚な人だけに、破れかぶれといった調子ではき出すように言ったこのことばをきいてハッとした。人にきかせるつもりではなく、心の中のわだかまりが口をついて飛び出したのであろう。

春は定年で退職をしたというあいさつが来る。あの人ももうそういう年になったのかと受け取る側はぼんやりながめる。はがきに印刷されている文面はおだやかであっても、一度や二度は、〝なぜ定年なんかあるのか〟と心でつぶやいたあげくのことばかと考えてみると、しみじみした気持ちになる。

いつか、長年の勤めをやめて新しいところへ変わった先輩がこんなことを話してくれた。ときどき家を出て左の方へ歩き出し、しばらくして、ひとり頭をかいて、逆もどりをすることがある。左へ行くのは前の勤めで、新しい勤め先は右へ歩いて乗り物にのる。習慣とはおそろしいものだ、というのである。そのホロにがい思いは、その身になってみなければわからない。若いものが座興の話題にしたりしてはかわいそうだ。

イギリスの随筆家チャールズ・ラムが退職者のことを書いたエッセイの中で、やめたもとの職場を訪れて、かつて自分の帽子かけだったところに、ほかの男の帽子がかかっているのを見ると、どうもおもしろくない、といったことを書いている。

若いときここを読んで、なぜそんなことが気になるのか、当たり前ではないのか、と不思議だったのは、つまり、こちらがなにもわかっていなかったからである。いまはいちばんの寂しさはそういうなんでもないところにひそんでいて、思いがけず襲ってくるのだろうと考えることができる。

しかし、やめたところへのこのこ出かけていかなければ、そんな目にあわずにすむものを、という感想は若いときも、いまも変わらない。やめたあとも気軽にもとの勤め先へ顔を見せて話しこんでいく人がいる。そういうふうに自然に振る舞えるのはうらやましくても、ラムのような気持ちを味わうのがこわい憶病者は思い出のあるところへ近づかない。

私もこの三月末で、五年間兼ねてきた職を解かれた。まだ、やめて一カ月にしかならないが、半分だけ退職者の心境を味わっている。ほんものの退職となったらたいへんだろうな、といまから先のことが心配である。会う人ごとに、ご苦労でした、とか、気楽になったでしょう、と言われる。親切であるのはわかっていても、うるさい。そっとしておいてほしいが、まさかそうも言えないし、適当にことばをにごしてその場をなんとか切り抜ける。やめた人間は後ろをふりかえりたい気持ちと長い間いたところから離れた悲哀とが半々である。第三者からおためごかしのことばなどをきくのは、やり切れない。知らぬ顔をしていてくれるのがいちばんありがたい。それでこちらも離任のあいさつ状などはいっさい出さないことにした。

数日前、そのやめたところの人と会ったら、湯呑みが残っています、お茶をのみにおいでくださいと言われて、びっくりした。私物はすべてもってきたつもりだったのに、茶のみ場にあった茶碗を忘れていたのはうかつであった。

おどろいたせいか、そのときどういう返事をしたのか記憶にないが、湯呑みにひかれてまかり出るのは気がすすまない。だからといって、使いなれたものを縁の切れたところへほっぽり出しておくのもいやである。

顔を出さずに湯呑みを引きあげられないものか。かといって人手をわずらわしてもってきてもらうのはいっそうおもしろくない。さて、どうしたものかと考えているうちに、ほかのことにまぎれて、まだそのままだ。

小骨考

小骨いっぽんで半日棒にふるようになってはおしまい。

かつては仲間とネコの会というのをつくりサカナを食べ歩いたくらいで、食卓にサカナが出てうれしくなかったためしがない。ところがその日はどうしたことか、昼の食事の干ものが食べたくなかった。しかたなしにつついていたら、のどに骨を立てた。かまないご飯をのみ込んでみたが効かない。生卵ものんだがとれない。幸いにあまり痛まないから、しばらくほっておいて様子を見ることにする。

のどに骨のささっているのはどうもいやな気持ちだ。なんだか入り口に近いところにあるような気がするから、指を入れてひっかいてみるが、失敗。夕食は普通に食べたけれども、ときどきピリピリと痛む。あすはお医者に抜いてもらうほかないと観念して寝た。

ずいぶんごぶさたしてはいるが耳鼻咽喉科の医院をしている友人がある。朝、電話すると、食事をしないうちがいいから早く来い、と言われる。こちらは朝食は食べないから急ぐに及ばないけれども、すでに前の晩に食事をしてしまっている。やんぬるかな。何年ぶりかに行くので地理も心もとないが、駅まで出迎えてやると本人の言ってくれる親切が、こういうときだけに心にしみる。

口の中をのぞいた彼は、ひどく荒れていて、一部は内出血している、ご飯をのみこんだりしたでしょうときかれる。それだけではなく指でガリガリやったとはとても言えない。ご飯をのみ込めば取れるというのはたいへん困った迷信で、うがいをするか、吐くかするのがよい。さもなければそのまま医者のところへ来ることだとさとされた。

それはいいが、なかなかとれない。舌を自分でひっぱっていてくれと言われる。そうしようとするのだが、かえって舌は引っ込んでしまう。〝バカに反射がつよいですね〟と医者がつぶやく。何度も試みるがうまくいかない。たいへんやっかいなところにつきささっているらしい。

〝こういうとき外人はとてもうまく舌を出してくれるんですがね〟とも言う。外人ではないから、そんなことを言われてもまねをするわけにはいかない。一、二分でとってもらえると思っていたから、こんなに手間どってはあとの仕事にひびくなと心配していると、〝上手な病院を紹介するから、そこで抜いてもらってください〟と言われた。はじめは冗談かと半ばきき流していると、まじめな話だからびっくりする。彼はもうその病院へ電話をしているのである。

紹介されたのは隣の駅の前ですぐわかるといわれて行ってみると、繁華街でどこにあるのか見当もつかない。交番できくほかないがそれも目に入らない。交番はどこかときいて、かなりはなれたところまでいき、やっと教えてもらう。

りっぱなビルの病院で、待合室にたくさんの患者が待っている。これではあと会うことになっている人に予定変更の連絡をしなくてはなるまいと、とっさに思う。覚悟をきめて本を読み出すと、意外に早く呼ばれる。やはり紹介されて来たからだろうが、気がひける。

院長が口の中をのぞくとすぐ、〝指でガリガリやりましたね〟と言う。まわりにいる四人の看護師がみんな妙な笑い方をした。いい年をした男が、なんたることか、と思っているに違いない。恥ずかしくても、逃げ出すわけにはいかないから目をつむる。

表面麻酔をかけるという。どういうのか知らないが、麻酔ときいただけでもあまりいい気はしない。これはいよいよたいへんなことになった。薬を含んでしばらくじっとしていなくてはならない。そのあとやっとのことで骨をとってもらった。〝これですよ、記念にもってかえりますか〟と院長が言うから、もらうのが作法（？）かもしれないと考え、紙につつんでもち帰った。いまも机の上にあってときどきのぞいてみる。

ネコも小骨いっぽんで半日棒にふるようになってはおしまいである。

写真考

後列の人になるのはちょっとした工夫がいる。

写真をとられるのが、もとから好きでない。カメラの前に立つとなんだか悪いことをした人間みたいな気がする。何人かでとるときは、チーズと言って、ニセの笑顔をつくらされたりする。おもしろいわけがない。とる人がファインダーからこちらをつけねらっているようなのも不気味である。

なかでも三人でとるのがいちばんいけない。こどものときに、三人並んでとった写真の真ん中の人が死ぬということをきいた。いまどき、そんなことをマに受ける人はあるまいが、若い頭にきざみ込まれたことをいつまでも引きずっている人間はいるもので、現に私がそのひとり。

三人の真ん中になるのは、たいていいちばんの年長である。その人が先に死ぬのは順序だからおかしくない。脇の二人だっていずれは死ぬが、真ん中の人よりおそいというだけのことで、そうでなければさかごとになって大変である。真ん中の人が先に死ぬのに異存はないが、すぐにも死ぬようにきこえるからいけない。年をとるにつれて、ますます気になる。

三人の写真にならないように、ほかの人を呼びこむ。うまくいかずに、三人になってしまったら、こちらは控えて脇へまわるようにする。それが年寄りになると不自然で、いかにもこちらの魂胆が見えすいているようで気がひける。

ただ、ありがたいことに、このごろは写真をとるのに、かつてのように大騒ぎしなくなった。とるともいわず、盗みどりのようにさっさととってしまう。それなら、真ん中もへったくれもない。もっとも、あとで送られてくる写真と対面するのは避ける。

会合には記念写真が付きもののようになっている。大勢でとるのは気が楽である。ところが、じれったい。さっさととればいいものを、いつまでもぐずぐずしている。そのつもりになっていると、写真師がとんでくる。だれかのネクタイが曲がっているのだろう。カメラへ戻ってこちらを見据える。新しい不都合が見つかったらしい。また、とび出してきて、だれかのどこかをどうとかする。早くしないかなあと思ってじりじりする。素人のスナップ写真が手軽にとれるようになったのに、どうしてプロの集合写真がこうも手間どるのか理解に苦しむ。

ようやくシャッターとなるのだが、いいかげん待ちくたびれた面々、フラッシュに目をつぶる。またたきをしないようにと注意する写真師もあるが、そう言われると、かえって目がふさがる。あるところのカメラマンが、いよいよとる段になって、みんなに目を閉じさせ、数秒後にあけるように命じた。そしてその瞬間にシャッターを切った。これなら目をつぶる人はいない。なるほどと感心した。

記念写真なら三人の写真のように場所の心配はしなくていいとはいかない。何列か並んでとる写真の最前列が苦手である。後ろは立っている人の列が迫っているし、前はカメラの迫力にじかにさらされる。後列の人は立っているが、前列は椅子に腰かけて、不安定である。自分の足で立っている方がずっと落ち着いてよろしい。幸いなことに、前列を喜ぶらしい人がいるから、後列にまわる人間は、謙譲の心を示すようなふりをして、実は自分の好みを実現することができる。三人写真の真ん中をさける苦労に比べたら、なんでもない。

そうは言っても、年をとると、周りがうるさく、だんだん後ろに立つことが難しくなる。後列の人になるにはちょっとした工夫がいる。

対人考

ほめてくれる人に対しては、心もおのずと開かれる。

「もっと肩の力をぬいてください」

カメラマンがそう言う。別に力んでいるつもりはないが、ぬけと言われるところをみると、そうなのだろう。でも、どうしたらよいのか、わからない。肩のあたりを気にすると、いっそうおかしくなるらしい。

「リラックスして、自然にどうぞ……」

とまたやられる。いい齢をして恥ずかしい。

一昨年だったか、ノドに魚の小骨を立てて、お医者に行ったとき、ノドの奥の力をぬけと言われた。そうしようと思えば思うほど力が入ってしまってお医者をてこずらせたことがある。なぜだか、合点《がてん》がいかない。

魚の骨はそんなになにんべんも立てないからいいが、写真はときどきとられて、そのたびに妙な気持ちにおそわれ、だんだん写真を苦手だと思うようになった。

写真をとられるのだという観念がわるさをする。ふだんは眠っているところの目をさまさせるらしい。緊張し、固くなる。そうした写真は自分でありながら自分でないような気がする。プレッシャーにやられるのだとこのごろは考える。

オリンピックの選手がいよいよ本番というときにプレッシャーにまけて不成績に泣くことがある。自分に勝てなくてどうすると言う人もいるが、写真でさえ、肩の力がぬけずに情けない思いをしているこちらは、選手の肩をもって同情する。

知らぬうちに写真をとられたりするのはおもしろくないが、意識していないから自然である。人と話に夢中になっているときの写真は気に入ることが多い。それでかどうか、カメラマンになにか話していてくれと注文されることがある。しかしそういうわざとらしい会話ではうまくいかない。とるのが素人なら気楽なのだが、プロのカメラマンが大げさな道具をもち込んだりすると途端に改まった気持ちになる。

みんなで記念写真をとるときに〝チーズ〟と言う。それで口もとに愛きょうが出る。アメリカから伝来した工夫だが、写真コンプレックスをもつ人間には、チーズだろうとバターだろうと、すこしもきき目はない。かえって顔面がひきつる。

つまり、世の中にはお芝居のできない人間がいるということだ。そういう人間からすると人前でのびのび振る舞える人がいるのが不思議である。そしていちばんむずかしいのは自分らしさを自然にあらわすことだとさとるようになる。

九州のあるところにすばらしいポートレート写真をとるので評判の写真館がある。どうしていい写真になるのか、館主の披露したところによると、秘訣はとにかくお客をほめるのだそうだ。ほめにくくてもほめる。

写真をとろうとする客は自分では気づかないが固くなっている。いくら力をぬけの、リラックスしろのといっても無駄だということを経験で知ったこの写真屋さんはからめ手から攻めることを考えた。それがほめることだったのである。専門の写真家からほめられていい気持ちにならない人はあるまい。緊張がほぐれ、ゆったりした気心になる。ほめてくれる人に対して構えたりするにはおよばないから、心もおのずと開かれる。これから写真をとってもらうのだという意識でかなしばりになっている人間もうれしいことばをきけばリラックスする。そこですかさずパチリとやればとられた本人がびっくりするような写真になる。たいした知恵である。

先日も例によって最後まで肩の力のぬけない写真をとられたあとコーヒーをすすりながら相手のカメラマンに、あなた方は写真をとられるのは平気でしょうね、ときくと、「それがコチンコチンに固くなって……」と笑った。

親切考

何でもないもののために示された好意だから、いっそう美しいのだ。

いくらか高所恐怖症気味であるが、いつか、知的な人間はたいてい高所をおそれるものだという話をきいて、すこし安心した。もっともそのあと、そんなはずはないという気もしている。

何年か前、羽田へ行くモノレールで途中の整備場駅に降りたことがある。とんでもない高いところにあり、たまたま工事中で、ホームは鉄板をパイプで支えただけの簡単な構造だから、すき間から下が見える。地上が二十メートルも三十メートルも下のように思われた。とたん足がすくんだ。線路の方はいっそう大きなすき間があいていて落ちたらどうしようと考えたら足が動かなくなった。こういう不安をいだく乗客がすくなくないのだろう。その後注意してみると、ホームから落ちないように乗車口だけあけた柵がいまはできた。

そういうこわい所でなくても駅のホームはおそろしい。すごい顔つきをして、ひとをつき飛ばしながら歩く紳士、カバンやハンドバッグをぶっつける君子、淑女が横行しているだけではない。電車がやってくる。そのときだれかが押すつもりはなくても、うしろから押したらホームへ落ちる。そこへ電車が進入してきて、それからどうなるか、を考えると、ホームのふちなど歩くひとの気が知れない。ホームから突き落とされ、電車にひかれて死亡したという事件が報道されて以来、ことにホームでは用心深くなった。白線よりさらに内側何十センチかのところを歩く。万一つまずいてころんでも線路に落ちないようにという計算である。

先日の暑い日の昼さがり、新宿駅ホームへ出た。台風の名残りの強風が吹いている。吹き飛ばされてはたいへんだから中央部を歩いた。ちょっとメモしたいことがあったので、鏡のついた台があるのを見つけて、カバンをあけて、書きかけのメモ用紙をとり出し、ペンを走らせた。すると、右手から近づいてくる人の気配がする。ふり向くと、ひとりの青年が思いつめたような、いくらか遠慮がちに口を開こうとしている。

とっさに、そんなところでカバンをあけたりしてはいけないでしょう、と注意されるのか、とまずは考えた。それから、ちょっと鏡を使いたいからどいてくれ、と言うのかと思った。いずれにしてもどうかしなくてはいけないだろう。身構える。

青年はびっくりするほど静かな口調で、

「カバンをおあけになったとき、白い紙が一枚吹き飛びました。あそこです」

と私をうながすようにして言った。カバンを台に置いたまま青年についてすこし離れたところから線路の下を見ると、メモの一枚が落ちている。

「駅員にそう言って、とってもらいましょうか」

青年はどこまでも親切である。それまでしてもらうほどのものではない。書いたことも記憶している。

「結構です。いいんです」

と言うと、青年はいくらか割り切れないといった調子で言った。

「いいんですか、ホントに」

ホームから突き落とされるのではないかとつねづねおびえている人間からすると、この青年の温かい心はすばらしいものに思われる。突風に吹き飛ばされたのが、メモの紙片などではなく札なら、その親切が生きたのに、と思いかけて、いやそうではない、何でもないメモの紙一枚のために示された好意だからいっそう美しいのだと考えなおした。

こういうときいつもあとで不安になる。こちらの心を伝えるお礼をしっかりのべたかどうか、とっさのことでもあり、よく覚えていないからである。

新宿駅ホームの突風はそのあと、ひどくさわやかに感じられた。

会食考

店の主人が「料理のことをお話ししようと思いましたが、おはなしがはずんでおりましたので、差し控えました」とあいさつした。さよう、その心配りである。

日本へ来たばかりのアメリカ人が悩むというはなしをきいたことがある。来日して何カ月もたつのに、日本人の同僚がだれひとりとして自宅へ呼んでくれない。自分はそんなに評判がよくないのか、と思うのだそうである。アメリカにいれば、たえず家庭のパーティーに招かれる。それに慣れているから、そういう機会がないと、会食飢餓症におちいるのであろう。

そんなことを言われても、われわれは目を白黒させるばかりである。十年二十年と同じところに勤めていながら、お互いの家で食事したことがないというのが少しもおかしくない。あれば、特別な仲ということになる。

家庭では他人と食事をしないが、そのかわり外で会をする。それで飲食業が栄えるのだからめでたい。しかし、だいたい、われわれはパーティーがあまり好きではないのではなかろうか。名目がないと集まらない。会費がいる。そのわりに料理もうまくない。なんとなく形式的で、愉快なことはまれであるが、義務だから、仕方なく出る。

そういうわけで、われわれは、おしゃべりをしながらものを食べる喜びを知らない。食べものがあると話がおもしろくなり、話がたのしくて食べるものがうまくなる、ということがわかっていない。すくなくとも、ずっと長いこと、私はそうであった。

それが、あるとき、気のおけない人と、何の用もなく、ただ会って、ただ食べるだけのことがいかにたのしいかということに開眼した。食べものの味よりも、歓談の味わいの方が上だということを覚えた。

気兼ねのない人に招かれて、ごちそうを受けるのは特にありがたい。何日も前から考えるたびにわくわくする。知らないところだと、どんな店かあれこれ想像するのも心たのしい。あまり高級なところでない方がいい。妙に気取った店だと、清談のさまたげになる。値段が高そうだと、こちらが貧乏性だから、相手への遠慮が出ておもしろくない。適当なところというのが、なかなか、むずかしい。

話がごちそうのうちである。料理はゆっくりもってきてほしい。店の人が得意そうに料理の説明をしたりするのは、うるさい。せっかくの話の腰が折られる。

ある店で、親しい友人からごちそうになった。帰りぎわに、店の主人が「料理のことをお話ししようと思いましたが、おはなしがはずんでおりましたので、差し控えました」とあいさつした。さよう、その心配りである、と感心した。それからときどき、その店へ行くようになった。

こちらがごちそうするのは、およばれするのとは違った、たのしさがある。ごちそうになるのはどこか負担であるが、それがないだけでも気楽である。招いた人がにこにこしながら食事をするのを見ていると、相手にはまことに失礼なことだが、なにやら優越感のようなものがわいてくる。下心があって、仕事がらみの供応する人たちにもこういう心理がはたらいているのかもしれない、と考えたりする。

とにかく、食事を伴奏にしてとりとめないおしゃべりをするのは、もっともたのしいことである。なるべく、その機会を多くつくりたい。そう思っているものだから、なにかというと、そのうち一度、食事しましょうなどと言って、会った人と別れる。ところが、そのうちがなかなかやってこない。そのうち、がたまって、考えると、息苦しくなることもある。

歩道考

折にふれて、脚下照顧を求められるのはありがたい。

歩かなくなった。もっと歩かなくてはいけないと言われるけれども、歩きたくても道がない。ないことはないが、よくないのである。道路がよくなったというのは、クルマの走るところのこと。歩道はあわれだ。

それでも歩道があれば感謝しなくてはならない。道路の端すれすれに白線が引いてあり、その外側を歩くようになっていることがある。文字通り身を細くしないと、クルマにひっかけられそうになる。

そうかと思うと、バカに広い歩道もある。タイルの飾り模様があったりするけれども、いい気になってはいられない。うしろから音もなく自転車がやってきてぶつかりかける。ベルを鳴らして、そこのけとやられる。自転車からすれば、歩行者はじゃまでしかたがないだろうが、歩いている人間に言わせれば、自転車といえどもクルマ。車道を走ってくれと言いたくなる。歩道に入ってくるのならもうすこしやさしく走ったらどうだ。

心安らかに歩くのを妨げるのは自転車ばかりではない。道路そのものが平坦でない。ところどころ、わけもなくふくらんでいて、足をぶつけるかと思うと、へこんでいて足が宙に浮く。凸凹道である。ときには路面から何かが飛び出していて、確実につまずくようになっている所もある。なれている歩行者は腹も立てないで、転倒しなかった好運を喜ぶのである。

曲がり角には段差がある。歩道が切れて車道になるカーブの部分がことに危ない。うっかりしていればひっくりかえる。こうして折にふれて、脚下照顧を求められるのはありがたいことかもしれない。

歩く人間の方がまた道路なみに凸凹だから、よくしたものである。狭い道で人通りが多ければ、どうしても、ぶつかったり、触れたりする。日本にいるあるアメリカ人がこんなことを書いている。日本人は、あいさつなどでは相手の身体に触れることが少ないくせに、意味もなく他人に接触して平気なのは不思議で、わざとぶつかってくるのではないかと思うこともあるそうだ。われわれは、そんなことにいちいち驚いてはいられない。ぶつかっても知らん顔。触れるくらいは当たり前である。

もっとも、このごろ、それを避けようとする人たちがあらわれている。といって自慢するのは早い。江戸の昔、雑踏の市中では、すれちがうときに、衝突しないように身をかわしていたのである。互いに相手側の肩をうしろへ引く。それが江戸しぐさで、洗練された市民のマナーだった。このごろの平成しぐさは、江戸の人とは逆に、すれちがう側の肩を前に突き出す。引く人はほとんどない。それほど現代は積極的なのであろうか。

雨の日がまたゆううつである。ふだんでも歩きにくい凸凹道である。傘をさして歩いたらどうなるかなど、考えないで作られている。歩くのがやっとというところで、身は細められても、傘はすぼめられない。絶えずひっかき合っている。おかげで傘が早くこわれるから、傘屋は喜ぶにちがいない。

平成しぐさがすこしずつ広まっているけれども、いまのところ、まだ雨傘には及ばないようで、わが道を行く勇ましい人たちばかりである。心もちでも傘を外側へかしげようとする人がいると、顔をのぞきこみたくなる。もっとも傾けたくとも、電柱がじゃましたり、店のホロがあって思うにまかせない。中には高くさしあげるゆかしい人もいる。

歩行者天国とやらは凸凹道のはてにあるのだろうか。

活力考

人生は、雑然たるところが強みである。

ある人が人間にはふた色ある、と言った。自宅通学型と下宿型で、ずっとうちから学校へ通った人と、下宿の経験のある人とでは、後々、することなすことが違ってくる、というのである。

自宅通学型は、おっとりしている。しかし気がきかない。わがままをわがままと気付かなかったりする〝坊っちゃん〟が多い。

下宿型は、よく気がつく。自分を抑えることを知っている。さきの人に言わせると、自宅通学型よりもあらゆる点で人間が練れているが、それは下宿に恐いおばさんがいたころのことで、このごろのように、何も言わない下宿では、こういう下宿型は育たないそうだ。

たしかに下宿生活には、〝うち〟にいては想像もできないことがいろいろある。手洗いひとつ行くのにも遠慮がある。他人の生活の中へわりこむのだ。緊張があって当然だろう。

昔の人が〝かわいい子には旅をさせよ〟と言った。最近、これをタテにとって、親からお金をせびり旅行に出かける学生がすくなくないらしいが、そういう旅のことではない。しいて、いまこれを求めるとするなら、下宿となる。〝かわいい子はきびしい下宿へ預けよ〟。

このごろの親は甘い。おばさんから叱られたりする下宿なんかさせられますか、そういってマンション住まいをさせる。これではいくら遠くにいても自宅通学と同じで、ひとりよがりは改まらない。

だれだってよけいな苦労はしないですめば、それに越したことはない。自宅通学には概して苦労がすくない。外の風に当たらずに育てられるサラブレッド的なところがある。他方、下宿型は小さなカルチャーショックをいくつもくぐり抜けて、たくましくなる。雑種的である。

だれしもサラブレッドを望む。それが人情であるけれども、泣きどころは、ヒ弱さである。何かあると、すぐ転ぶ。いったん倒れると、もう立ち上がる気力がない。ふまれてもふまれても起き上がる雑草のしぶとさを欠いている。

名家、旧家といわれる家にはサラブレッドが育つが、つねに没落の危険をはらんでいる。それを回避するために、長く続いた旧家には独特の知恵を盛った家憲のあることが多い。

身勝手の苦労知らずのサラブレッドまがいのふえているいまの日本に、雑種のよさを本当に理解する人がじゅうぶんたくさんあるだろうか。

サラブレッドだけ集まっている集団が滅びやすいというのは歴史の教えるところである。

十人のうち九人までが自分の生活を〝中流的〟と考えているのがいまの日本だというが、〝中流的〟がサラブレッド志向だとすると、困ったことになる。

サラリーマンの転勤で、単身赴任が多くなった。親がこどもの転校をおそれるからである。転校は下宿型人間をつくるのにまたとない機会であるのに、転校してはこどもがかわいそう、成績が下がって損だ、などという愚にもつかない理由をあげて父親は不自由な単身生活に耐え、それを親の愛情だと思っている。

これからの時代を引っ張って行くのは、何度も転校し、下宿もしたことのある雑種人間であるような気がする。

これはこどもや若い人たちだけに限らない。年をとってくると、だんだんサラブレッド的な潔癖になる。自分の流儀以外はすべて気に入らない。これは自分を弱める危険な頑固さである。自分がかわいければ、すこし〝旅〟をすることだ。つとめて雑種を心がける。たとえば新しいことを始めてみる。うまくいかなくても、活力を生み出すことができれば、まさに最高の健康法である。

人生は〝雑誌〟のようであってよい。雑然たるところが強みである。

風情考

きりりとしたたたずまいに、心をひきしめる。

「近くに八十八カ所のお寺があったら、おまいりしたいのですが……」

四国の宇和島へ行ったときのことである。案内してくれるという土地の人が、二、三、市内の名所の名をあげた。すべておまかせするが、と言って、ひとつだけ注文させてもらったのである。

あいにく宇和島にはないそうだが、それではといって、車で三十分ほどの隣町にある四十二番札所の佛木寺《ぶつもくじ》へつれていってもらった。道路からすぐ石段をのぼったところに小さな境内がひらけている。きりりとしたたたずまいに、つい心のひきしまる思いがする。よかった。せっかくわがままをきいてもらって来たお寺が、ごみごみしていたらどうしよう、ひそかに心配していたのである。

こどものころ、本家の祖母がたいへんかわいがってくれた。信心家で、うちへ来ても、お念仏ばかりとなえている。幼いこどもの私に向かって、おりにふれて四国八十八カ所のことを話した。小学校へ入る前に、はじめて覚えた地理であった。かわいそうに、祖母は思いつめていたのであろう。しかし、当時、四国へ行くなどということは、それこそ気の遠くなるような大旅行である。それに八十八カ所をまわるのだから、何カ月もかかる。いまの世界一周旅行よりももっとたいへんかもしれない。祖母の願いも、とうとう夢のままで終わった。しかし、こういう人たちのために、近くに、本場にならった〝新〟四国八十八カ所というのがあり、四国をあきらめた祖母はそれをまわって満足していた。近いといっても、十日くらいかかったように記憶する。いうまでもないことながら全行程徒歩である。

それから何十年もたって、私がはじめて四国へ行くことになった。用事は用事として、まず八十八カ所のことを考えた。どこか一カ所でもよいからぜひおまいりしたい。祖母の念がのり移っていたのかもしれない。

徳島市内のホテルをとる、といわれたのを断り、そういうことができるかどうか知らないが、できることなら札所の寺に泊まりたいと申し出た。徳島の人はちょっとおどろいたようだったが、おもしろいと思ったのかどうか、向こうの人も何人かいっしょに泊まることになった。野兎に出会ったりして登っていった山の上の焼山寺《しょうさんじ》で一夜をあかした。祖母のことがしきりに頭に去来し、おかしなことながら、ながい間の念願がようやくかなったような気がした。

これが皮切りで、その後、四国へ行くたびに、多少、スケジュールをまげても、かならず近くの札所を一カ寺は訪れるようになった。ときには、何カ所も立てつづけにおまいりしたこともある。かぞえてみると、これまでにざっと八十八カ所の三分の一くらい知っているようだ。中には何度も行ったところもある。松山へ行くと道後に泊まる。近くに石手《いして》寺《じ》がある。松山へいくたびにおまいりしていて、すっかりなじみになった。

方々へおまいりしているうちに、八十八カ所の中になんとなく俗な雰囲気のただよう寺のあるのを残念に思うようになった。境内に売店がある。門前町ならかまわないが、中まで入ってこられてはすこしうとましい。お寺はやはり超俗的であってほしいというのが参詣者の気持ちである。あまりに日常的であっては信仰心も消えそうだ。

それだけに宇和島から行った佛木寺が簡にして重、簡重の寺であったのがうれしかった。

独歩考

たまには土の上を歩くべし。

朝食の米飯の中に黄色い小粒がまじっている。すぐ、アワだとわかる。給仕をしていた宿屋の奥さんが「東京の人に、よくわかりましたね」とほめた。

アワは大好きだから、見間違えることはない。ただ、このごろは手に入らないから、アワのご飯を口にするのはほんとうに久しぶりである。アワ餅はもっと好きで、こちらは先年まで郷里の旧友が送ってくれていたが、頼んであった農家が作付けをやめたとかで、送って来なくなった。

そんなことをしゃべると、奥さんが「うちでは毎年、暮れにはアワ餅をつく。お好きでしたら送ります」という。夏のことで、半年も先の話だし、どうせお互いに忘れるだろうと思いながら聞いた。

私は用があって、前の日の夜おそく、宮崎県の山間の村に着き、この旅館に泊まったのである。それから半年後の年も押し詰まったころ、この宿屋からアワ餅が届いた。ほとんど忘れかけていただけに、商売を離れた、温かい心に打たれた。

その宿で朝食を済ませ、ぶらっと宿を出た。腹ごなしに少し歩いてみようと思ったのである。向こうから学校へ行く小学生がやって来る。すれちがいざまに、なんと、おはようございます、と言うではないか。ほかの人がいるのか、とついあたりを見回すが、だれもいない。この子は、どこのだれともわからぬ風来坊にどうしてあいさつをするのだろう。

しばらくすると、生意気ざかりの年頃の男子中学生の二人連れがやって来た。近づくと声をそろえて、おはようございます、と言う。こんどはもう驚かない。あいさつを返す。そのあとすれちがった大人の村人は笑顔で声をかけて行った。この村では、よその人間にもあいさつをするしきたりになっているらしい。同じ建物に住み、隣り合わせでありながら口もきかない人がいるという世の中に、こういうところもあるのか。

実は、旅館を出たときから、森の中を歩いてみようという下心があった。ふだんから食後の散歩を日課にしているが、舗装した道路ばかりでいかにも味気ない。たまには土の上を歩きたい。ここはすぐ目の前まで山が迫っている。森の中には小道があるだろう。そこを存分に歩いてみよう。そう思っていたのだが、思いがけないあいさつを受けたりしたため、いつしか家並みの切れるところまで歩いて来てしまっていた。見ると、山へ入るらしい道がある。

私は海の近くの小さな町で育ち、こどものころは夏は海で遊んで真っ黒になった。そのおかげで丈夫だったと思っていた。後年、あるとき生物学の友人が意外なことを教えた。強い太陽で皮膚を焼く海水浴は必ずしも体によくない。それとは反対に、森林浴がたいへん健康的だというのである。そのとき初めて森林浴ということばを覚えた。

良いわけがある。友人の話だと、森の木々はフィトンチッドという物質を発散しているのだそうである。森に入るとなんともいえない、良い香りがするのもそのためである。香りだけでなく、心身を爽快にする効果もあるという。七十年ほど前にトーキンとかいう人が言い出したことらしい。

それ以来、なるべく木立の多いところを選んで歩くようにしているが、なかなか、フィトンチッドにむせる、というようなわけにはいかないのは是非もない。

ここ宮崎の山の中の林道は空が見えないくらい木々が残っている。行く先は夢の国かと思うばかりである。

外山滋比古　とやま・しげひこ
1923年、愛知県生まれ。お茶の水女子大学名誉教授。文学博士。東京文理科大学英文科卒業。雑誌「英語青年」編集、東京教育大学助教授、お茶の水女子大学教授、昭和女子大学教授を経て、現在に至る。専攻の英文学をはじめ、ディターシップ、思考、日本語論などの分野で独創的な仕事を続ける。主な著書に、『思考の整理学』(筑摩書房)、『日本語の論理』(中央公論新社)、『古典論』『外山滋比古著作集〈全8巻〉』(みすず書房)、『老いの整理学』(扶桑社)など多数。

本書は、毎日新聞出版から2010年11月に刊行された『ゆっくり急ぐ』を再構成し、新書化したものです。

朝日新書
723
老《お》いの練習帳《れんしゅうちょう》

2019年7月30日第1刷発行
2019年8月20日第2刷発行

著　者　外山滋比古

発行者　三宮博信
カバーデザイン　アンスガー・フォルマー　田嶋佳子
印刷所　凸版印刷株式会社
発行所　朝日新聞出版
〒104-8011　東京都中央区築地5-3-2
電話　03-5541-8832（編集）
　　　03-5540-7793（販売）

Published in Japan by Asahi Shimbun Publications Inc.
ISBN 978-4-02-295030-7
定価はカバーに表示してあります。

落丁・乱丁の場合は弊社業務部(電話03-5540-7800)へご連絡ください。
送料弊社負担にてお取り替えいたします。